Cuidado pastoral

Dios en medio de los sufrimientos

Richard C. Eyer

EDITORIAL CONCORDIA • SAINT LOUIS

Propiedad literaria © 2008 Editorial Concordia
3558 South Jefferson Avenue, Saint Louis, Missouri, 63118-3968 U.S.A.
1-877-450-8694 • www.editorial.cph.org

Derechos reservados. Ninguna parte de esta publicación debe ser reproducida, almacenada en un sistema de recuperación, o transmitida en alguna forma o por algún medio, electrónico, mecánico, fotográfico, grabado, o de otra forma, sin previo permiso escrito de Editorial Concordia.

Los textos bíblicos que aparecen en esta publicación son de La Santa Biblia, Nueva Versión Internacional, © 1999 por la Sociedad Bíblica Internacional, usados con permiso.

Ilustraciones ©istockphoto.com/Phil Morley

La fuente tipográfica "Birth of a Hero" es usada con el permiso de Gyom Ségin. Disponible en http://lastsoundtrack.fontspace.com/

Traducción al castellano: Sara Solano
Editor de la versión castellana: Rev. Héctor E. Hoppe
Título original en inglés: *Pastoral Care under the Cross* © 1994
Diseño de la tapa y tipografía: Elissa E. Fowler

Editorial Concordia es la división hispana de Concordia Publishing House.

Impreso en los Estados Unidos de América

1 2 3 4 5 6 7 8 9 10   17 16 15 14 13 12 11 10 09 08

Dedicado a
Richard John Neuhaus,
amigo y fiel pastor,
cuya proclamación
ha sido de excelente ayuda
en mi ministerio

Contenido

Prefacio 7

PRIMERA PARTE:
El contexto actual del cuidado pastoral

Introducción 13
    El cuidado pastoral que ofrece la nueva era 13
    La sicología y lo espiritual 15
    La necesidad del cuidado espiritual en la actualidad ... 18

1. La cruz como modelo para el cuidado pastoral 25
    Descubriendo la teología de la cruz 25
    Del "por qué" al "dónde" 31
    El puente entre Dios y nosotros 33

2. El pastor como el que carga la cruz 37
    El aspecto sicológico del pastor 40

3. El sufrimiento, la enfermedad, y la cruz 47
    El sufrimiento es inevitable 47
    La teodicea y la teología de la cruz 51
    El misterio del sufrimiento 53
    Los hospitales como zona de combate del cuidado pastoral ... 54

4. La fe, la sanidad, y la cruz 57
    La conexión entre la fe y la sanidad 57
    Pero, ¿qué con la fe? 64
    El objetivo de la fe en la sanidad 68

SEGUNDA PARTE:
El cuidado pastoral en situaciones específicas

Introducción 71
    La liturgia del cuidado pastoral 71
    Presencia, cuidado, y perspectiva 73
    Cuatro habilidades del cuidado pastoral 78
    La estructura de una visita 82

5 El paso de los años: los ancianos 85
   Los ancianos de hoy en día 86
   Aspectos del desarrollo de los ancianos 88
   Una perspectiva santa para los ancianos 95

6 Con la ayuda de la cruz: El SIDA 97
   El SIDA: sin la ayuda de la cruz 98
   ¿Dónde está Dios en todo esto? 100
   Cuidado pastoral para los padres con hijos con SIDA 103
   El suicidio y la cruz 104
   El riesgo de que el pastor se contagie con SIDA 105
   El SIDA bajo la cruz 106

7 En la cruz: morir 107
   La negación contemporánea de la muerte 107
   La muerte como natural contra la muerte como enemiga ... 109
   Las necesidades humanas del moribundo 110

8 Los dolientes al pie de la cruz 117
   Un luto común: hombres y mujeres 118
   El ritmo del luto 120
   Al pie de la cruz 123
   Un pensamiento final 125

9 La enfermedad mental 127
   Entendiendo espiritualmente la enfermedad mental 127
   Una guía simple para el pastor sobre la enfermedad mental ... 129
   La enfermedad mental y la teología de la cruz en acción ... 134

10 Sentirse abatido: la depresión 137
   Depresión y cuidado pastoral 137
   Tipos y signos de depresión 144
   La teología de la cruz y la depresión 146

11 La ética médica 147
   Entender los tiempos 148
   La teología de la cruz: una ética cristiana 152
   La función del pastor en la toma de decisiones éticas ... 154

Epílogo: bajo la cruz 161

Prefacio

Desde hace muchos años quise escribir este libro; sin embargo, no había sido el momento oportuno. Tenía que llegar hasta el punto en el que pudiese mirar atrás mi largo ministerio y así poder evaluarlo (hasta donde cualquiera puede hacerlo honestamente). Existen dos razones por las cuales quise escribir este libro. En primer lugar, quise resumir para mí mismo los casi 20 años en el que me desempeñé como capellán. En segundo lugar, necesitaba la disciplina de reflexionar en lo que ha sido intuitivo para mí. Siempre pensé que había hecho lo correcto con mis pacientes, pero no estaba seguro de que había pensado bien en lo que hacía en esos momentos. No obstante, este libro me ha forzado a pensar en lo que he hecho en el área particular del cuidado pastoral a las personas que están enfermas y moribundas.

El tema a lo largo de este libro trata sobre lo que Martín Lutero llamó "la teología de la cruz". Con estas palabras Lutero explica la forma en la que Dios nos cuida, y anima a los pastores a que sigan este ejemplo. Lutero escribe: "Merece ser llamado teólogo"... "aquel que comprende lo visible y manifiesto de las cosas de Dios a través del sufrimiento y de la cruz" y hace énfasis en que "Dios desea ser reconocido en el sufrimiento".[1] En todo el contenido del libro, ya sea explícita o implícitamente, he hablado sobre lo que entiendo como cuidado pastoral partiendo de la teología de la cruz.

Pretendo que esta obra ayude a interpretar los sufrimientos en la vida bajo la luz de la cruz. Particularmente, creo que la teología de la cruz es una respuesta al desamparo y a la pérdida del control que vienen con la enfermedad y la muerte. La teología de la cruz nos recuerda que es a través de las debilidades y del sufrimiento que Dios se nos presenta de una forma más

---

1 Martín Lutero, "Heidelberg Disputation," *Luther's Works*, vol. 31 (Philadelphia: Muhlenberg Press, 1957), 52. En adelante *Luther's Works* se designa LW.

clara, primero en la cruz y luego en nuestras experiencias de sufrimientos. Es importante que el cuidado pastoral se entienda de esta forma y que cualquier estilo personal que quiera desarrollar el pastor no debe perder esta esencia teológica.

Este libro trata de la forma en que un capellán hace su ministerio. Si hice algo bueno o sugerí una mejor forma de hacer las cosas, ello se hará evidente en aquellos que sigan mis pasos. Creo que he enseñado y cuidado a los pacientes que he tratado. Muchas de mis enseñanzas han tenido la intención de contrarrestar los valores superficiales de nuestra cultura que han tratado de esconder la verdad sobre nosotros mismos ante Dios en tiempos de crisis y de muerte. Espero que cualquier reflexión, percepción, y experiencia que yo haya tenido sea de estímulo para otros en su ministerio.

Les escribo principalmente a los pastores; sin embargo, otros también pueden beneficiarse de este libro: hombres y mujeres cristianas tales como diáconos, enfermeros, médicos, trabajadores sociales así como todos aquellos que de alguna forma llevan las cargas de otros en el nombre de Jesucristo.

El principio de cada capítulo de la PRIMERA PARTE, lo inicio con poemas, que aunque posiblemente no suenen como la mejor poesía, fueron inspirados por un paciente que visité. Tuve que recorrer un largo camino como capellán para poder canalizar mis sentimientos y hacer que fuesen edificantes. Hasta ahora, había compartido esos poemas sólo con mi esposa.

Hay algunas personas a las cuales quiero agradecer por ayudarme a escribir este libro. Hal Senkbeil, amigo y compañero en la teología de la cruz, constantemente me recordó la necesidad de hacer énfasis en mis escritos sobre el Bautismo y la Santa Cena. E. Veith, "profesor" y crítico, me mantuvo consciente del estilo y la claridad al momento de escribir. Los tres nos reuníamos dos veces al mes para leer nuestros escritos y discutir sobre las cosas que pensábamos publicar. Muchas gracias a Alice Houghton, psiquiatra, por las críticas constructivas que aportó al capítulo sobre Enfermedades mentales y el Cuidado pastoral. También le agradezco a Julie Heun y a Barb Bergquist, mis coordinadores, quienes trabajaron arduamente al momento de corregir el manuscrito. Finalmente, le doy muchas gracias a mi esposa, Susan, por haberme llevado comida al escritorio mientras escribía, por crear un ambiente propicio para mi trabajo y haberme escuchado en muchísimas ocasiones mientras pensaba en voz alta lo que quería decir en mi libro. A los pacientes y el personal del Hospital Columbia quienes también merecen mi gratitud por haberme enseñado cómo ser pastor.

PRIMERA PARTE

El contexto actual del cuidado pastoral

Introducción

Fluidos en el piso... derramados de un vaso descartable...
no, orina...
Un hombre pregunta: "¿Por qué no puedo...?"
La pregunta se desvanece, la cabeza cae,
Mira hacia abajo como perdido... se babea...
Pan, una hostia... se ofrece, se acepta con ansias...
Vino, tomado rápidamente...
"Toda mi vida, de niño, Dios..."
Mira fijamente, se babea y se le cae la cabeza.
Como si el viento silbara a través de una ventana
parcialmente abierta... respira...pulmones llenos...
"Lo que no entiendo es..."
Y prometo: "Eres amado y perdonado..."
Se babea, "Pero..."
"¡Siempre estoy contigo!" Me mira fijamente... "Ah, ése
es el problema. Nadie se queda... aquí... conmigo."
Me mira fijamente, yo prometo, me voy,
inclina la cabeza, baja la mirada.

EL CUIDADO PASTORAL QUE OFRECE LA NUEVA ERA

El cuidado pastoral ha sido entendido tradicionalmente como el alimento espiritual no solicitado hacia aquellos sin esperanza y sin control en la vida. Se construyó siguiendo el modelo del cuidado que Dios ha tenido con nosotros después del Edén, y hasta ahora, aún hasta en la cruz,

EL CONTEXTO ACTUAL DEL CUIDADO PASTORAL

en donde Dios se sacrificó para sanarnos para siempre. Pero esta noción bíblica de la sanidad de las almas y del cuidado espiritual de otros no se acerca a las ideas populares de lo que hoy en día puede ser llamado cuidado espiritual secular. En este fenómeno, se cruza la delgada línea entre la sicología y el cuidado espiritual tradicional. Esto crea un híbrido que da como resultado una sicología popular que es mucho más secular que espiritual (desde el punto de vista cristiano).

Quiero ser claro al momento de distinguir la sicología popular de la siquiatría clínica. La siquiatría clínica puede ser útil para el cristiano que está aprendiendo a entender su propio comportamiento. Al observar situaciones y actitudes en él mismo con más claridad, puede estar más abierto a confesar sus pecados y encontrar absolución para la sanidad de su alma y de su relación con otros. Por el contrario, la sicología popular ofrece respuestas fáciles de una naturaleza casi espiritual cuyo objetivo es hacer que las personas se sientan bien consigo mismas a pesar de sus enfermedades internas. Como las enfermedades internas se quedan sin resolver, el alma permanece enferma y el cuidado de uno mismo se convierte en una preocupación, lo que impide que nos preocupemos por otros. El cuidado espiritual secular de hoy en día no pretende curar las almas sino el aburrimiento, el fracaso o la baja autoestima como consecuencia de conflictos internos no resueltos. Una de las formas de intentar proveer cuidado espiritual es la propaganda de una semana de terapia invitando a un "desenvolvimiento espiritual y al bienestar completo"[1] a personas que sienten un peso por "comer demasiado, trasnochar, tener un cuerpo incontrolable, sufrir de estrés, y pasar de una relación a otra".[2] Este tipo de cuidado espiritual secular convierte a aquellos que se sienten enfermos y moribundos internamente en un espécimen que busca la juventud y que lo quiere todo. No hay duda de que los cristianos hemos sido llamados a ser mayordomos de nuestros cuerpos y almas a través del ejercicio de una disciplina sana del cuerpo, y por medio de una vida centrada en la palabra de Dios; sin embargo, la

---

[1] Pandit Rajmani Tigunait, "Spiritual Unfoldment and Total Well-Being," un seminario patrocinado por el Himalayan International Institute for Yoga Science and Philosophy, R. R. 1, Box 400, Honesdale, PA 18431.
[2] Andrea Frank, "Soothing the Soul," un retiro de fin de semana patrocinado por la Spiritual Wellness Network, 523 N 66th Avenue, Wauwatosa, WI 53213-4057.

INTRODUCCIÓN

preocupación del cuidado personal también puede llevarnos a divorciarnos del servicio a Dios. Esto traería como consecuencia la idolatría al "cuidado personal". Es muy difícil que las personas que están atrapadas en el cuidado espiritual secular encuentren algún momento para dar cuidado espiritual, en el sentido cristiano tradicional, a los enfermos y moribundos.

LA SICOLOGÍA Y LO ESPIRITUAL

Este auto indulgente hincapié de sentirse bien ha sido desde hace mucho tiempo la meta del cuidado espiritual. El auge de la sicología a principios del siglo 20 nos llevó a volvernos a nosotros mismos. Aunque el cuidado y la atención de nuestro ser interior no es nada nuevo para los cristianos, lo que era nuevo era el hacerlo sin tomar en cuenta a Dios. La sicología ha tratado de igualar la fe cristiana desde el tiempo de los griegos; sin embargo, aún hasta los griegos tenían espacio para sus dioses. En sus principios, la psiquiatría freudiana no permitía espacio para Dios y la iglesia desechó tal ateísmo. Pero en los 20 años que llevo trabajando con siquiatras, he visto que se ha querido encontrar nuevamente un lugar para lo espiritual.

Sin embargo, aún no está totalmente claro de qué se trata toda esta mezcla espiritual y sicológica, y la lucha por querer definirla ha estado vigente durante una gran parte de este siglo. En mi entrenamiento clínico como capellán siempre hubo una competencia entre los que proponían un modelo de cuidado "clínico" (sicología) y aquellos convencidos de un modelo "pastoral" (espiritual). Creo que siempre estará la tentación de dejar al que sufre preocupado con sus propios recursos en lugar de ayudarlo a enfocarse en Dios. Hay un deseo sutil en nuestra cultura y especialmente en aquellos como yo dentro del área médica, de ganar credibilidad y aceptación si se piensa más en términos sicológicos que espirituales.

Recuerdo mis propias luchas con este tipo de seducción. Un paciente al cual visité en mi época de estudiante, repentinamente interrumpió nuestra visita preguntándome: "¿Es usted sicólogo?" Mi supervisor me aseguró que era un cumplido, pero me sentí incómodo porque no me identificó como un pastor que da cuidado pastoral, sino como un sicólogo. Poco después de haber terminado mis estudios de cuidado clínico pastoral, escribí un artículo[3] sobre la "sicología de la fe y la vida". Este artículo trataba del cambio sutil de lo espiritual a lo sicológico, en el que ahora no nos vemos a nosotros mismos como Dios nos ve sino como lo hacen los sicólogos. Lo primero que uno piensa cuando un hombre es acusado por haber cometido un crimen violento y sin motivos es que es un hombre desequilibrado o enfermo mentalmente y no que es un pecador. Y aunque puede ser las dos cosas, difícilmente pensamos en que su comportamiento es maligno. Pensamos más en que es un antisocial o que posiblemente fue víctima de abusos en el hogar. De la misma forma, gran parte del cuidado espiritual secular actual no comienza con un "pecador en las manos de un Dios furioso" sino con la ansiedad en manos de un maestro de la sicología popular. La confesión es sustituida por un *respire profundo* y la enseñaza moral por la expresión de nuestra propia personalidad. Pero esto no es nuevo para nosotros. Todo es herencia del primitivo individualismo, relativismo y utilitarismo estadounidense.

"Ismos" que ofrecen cuidado

Durante mi charla a un grupo pro-vida sobre nuestra responsabilidad como cristianos de ayudarnos con nuestras cargas, un hombre de las Filipinas, que estaba en la audiencia se acercó a mí en el receso y pidió que le aclarara algunas dudas. Me dijo: "No entiendo lo que quiere decir. Usted dice que debemos cuidar a los ancianos y no abandonarlos. En mi país los ancianos son muy respetados y nadie nunca pensaría en abandonarlos." Para él fue muy difícil entender lo que llamamos en nuestra cultura "individualismo", término en el que primero somos individuos y luego miembros de una sociedad, donde el auto-sacrificio de cualquier tipo es un valor que se está perdiendo. En algunas partes del mundo ocurre lo contrario. Es necesario que reconozcamos que el individualismo en nuestra cultura nos está matando; nos está alejando de los demás, y hasta muchas veces algunos cristianos ingenuos y fervientes buscan más las emociones espirituales personales que el cuidado espiritual mutuo.

Una de las experiencias más difíciles que tuvo que enfrentar el comité ético del hospital fue la de un joven adulto cuando dijo: "Nos gustaría que nos ayudaran a encontrar una manera de terminar con la vida de nuestra

---

3   Richard C. Eyer, "The Psychologizing of Life and Faith," *Lutheran Forum*, Advent 1984.

INTRODUCCIÓN

madre". La señora había estado grave en el hospital por dos meses y ellos ya estaban hartos de esa situación. Aunque no estaba muriendo, hablaron con el pastor, hicieron todos los arreglos funerarios y luego se reunieron con el comité ético porque ya habían decidido que era hora de que su madre muriera. Como estaban tan ocupados con sus propias vidas y no tenían tiempo para cuidar a su madre enferma, decidieron sacudirse de encima esa carga. Éste es el contexto en el que nosotros como pastores somos llamados a dar cuidado pastoral; y si los pastores tienen que enfrentarse con tal individualismo egocéntrico, también tienen que luchar contra su compañero, el relativismo.

El relativismo es ese gran nivelador y pacificador que hace que todas las cosas sean iguales en una sociedad pluralista. Si todas las cosas son relativas y por ende iguales, entonces no existe ninguna verdad objetiva. En el caso de cuidar al desamparado, el relativismo se pronuncia diciendo que no se piensa bien o mal al momento de decidir sobre la muerte. Al contrario, la decisión personal de cada cual es lo que importa. El debate sobre el aborto de décadas pasadas ha sido estancado por el relativismo. Las personas pro-vida no han tenido éxito en su tarea de convencer a los pro-elección de que el aborto es inaceptable. Los primeros defienden la moralidad absoluta, mientras que los segundos basan su argumento en la moralidad relativa dándole a la "elección" mucho más valor que a lo "sagrado de la vida".

No es difícil ver como el cuidado espiritual es distorsionado por el relativismo. Si todo es relativo, entonces ni una idea, método, ni una verdad asumida en el cuidado espiritual de otros tiene ninguna importancia convincente en nuestras vidas. El pastor que llega sin haber sido invitado por los hombres, pero sí por Dios, llega para llevar no sólo consuelo sino también la verdad al que sufre. Las palabras del pastor serán consideradas como una entre tantas opciones. Una vez visité a una paciente en el hospital que no podía entender porqué sufría. Hablamos sobre cómo Dios obra a través del sufrimiento para presentarse ante nosotros como un Dios compasivo, que comparte nuestros sufrimientos por medio de la cruz. No rechazó ni aceptó lo que hablamos, pero respondió "es una idea interesante". Sin embargo, aunque es la única verdad que existe, no pareció muy convencida. Me hizo recordar el debate de Pablo en el Areópago con los curiosos de Atenas. Éste es el contexto en el que hoy en día los pastores fieles tratan de dar cuidado pastoral. Como si el individualismo y el relativismo no fuesen suficiente, también debemos luchar contra un tercer componente cultural: el utilitarismo.

El utilitarismo es "el colmo" de nuestra cultura. Enseña que si algo funciona, es bueno y válido. Es el hermano gemelo del relativismo. No le importa si algo es bueno o verdadero siempre y cuando haga su trabajo. Años atrás critiqué un programa de evangelismo que nuestra iglesia estaba promoviendo. Después de horas de debate con el encargado de uno de los comités de evangelismo, éste interrumpió la conversación diciendo: "Bueno, todo lo que puedo decirle es que funciona". Y esto es lo que parece justificar tanto las cosas espirituales como materiales. Si los padres se sienten bien al bautizar a sus hijos recién nacidos, entonces "háganlo". Si llamar al capellán, cuando nada más funcionó, parece servir de apoyo al paciente, entonces "hágalo". El utilitarismo no es un valor hostil; no tiene la intención de negar la verdad como lo hace el relativismo. Es sólo que no se preocupa por esas cosas. Los miembros de las congregaciones esperan que sus pastores los visiten en el hospital, no porque esperan una palabra de aliento sino porque a los pastores se les paga por hacerlo. De hecho, muchos miembros miden la visita del pastor al hospital a base de si se sienten bien o no después de ésta. Un paciente le dijo una vez a uno de mis laicos voluntarios para hacer visitas: "Bueno, no creo que me vaya a sentir bien por su visita, pero gracias de todos modos por venir". Éste es el contexto actual del utilitarismo. En este contexto Dios les hace un llamado a los pastores fieles a que ofrezcan cuidado pastoral.

LA NECESIDAD DEL CUIDADO ESPIRITUAL EN LA ACTUALIDAD

En la primera oración de este libro definí el cuidado pastoral como "el alimento espiritual no solicitado" ofrecido por un pastor. Es no solicitado porque una persona con necesidad de cuidado espiritual generalmente no lo pide. Por otra parte, se puede considerar solicitado porque Dios, a través de la iglesia, ordena y llama a los pastores para que alimenten a los hambrientos. Muchas veces las personas que sufren entienden esto mejor que los mismos pastores. Roberto y Marga, al despedirse del pastor después del servicio de adoración, anunciaron que Roberto sería internado ese miércoles en el hospital. No se dijo nada más. No se hizo una invitación abierta. Se entiende que tanto el pastor como otros miembros de la congregación tomarán la iniciativa de estar en hospital con ellos en ese día. Igual ocurre cuando alguien muere. Los dolientes esperan que el pastor sea parte de su cuidado espiritual. Posiblemente sea difícil para los pastores aceptar tales expectativas, pero ellos viven la gracia de Dios que llega sin ninguna invitación a la vida de todos.

Lo que diferencia el cuidado pastoral de la consejería pastoral (y lo hace más difícil) es que en la segunda, la persona necesitada inicia el contacto con el pastor y puede llevar la carga de responsabilidad de lo que suceda. En el cuidado pastoral, el pastor lleva las cargas de responsabilidad del que se encuentra en dificultad, al menos al inicio, hasta que el oprimido también vea la necesidad de prestarle atención a su sufrimiento. En la consejería pastoral, el pastor debe desarrollar las habilidades de un buen consejero. En el cuidado pastoral, el pastor debe ser sensible al sufrimiento de la persona para poder entenderlo. Al finalizar el día, me doy cuenta de que me siento feliz por haber dado consejería pastoral, y agotado por el cuidado pastoral.

De los sentimientos a una perspectiva santa

En la primera oración de este libro también dije que necesitamos entender el sufrimiento en el contexto de "la debilidad o pérdida de control en la vida de alguien". Se dijo una vez que el deseo de vivir con nuestra propia debilidad muy bien puede convertirse en fe. Esto no hace que sea más fácil vivir con la debilidad, pero sí que se vea desde una perspectiva cristiana, un comienzo útil tanto para el pastor como para el miembro. Es este encuentro con la debilidad y la pérdida de control lo que convierte al cuidado pastoral en una actividad agotadora. No sólo el miembro se siente vulnerable y descontrolado, sino que también el pastor acompaña al que sufre por el valle de sombras sintiendo esa vulnerabilidad y sin poder dar una solución inmediata. Sin embargo, tiene la certeza de que Dios está con ellos y no los abandonará.

El desafío del cuidado pastoral en una sociedad saturada de sentimientos y cada vez más incapaz de pensar claramente, es hacer que el que sufre pase de sentirse débil a ver su situación desde una perspectiva santa. Esta perspectiva es aquella interpretación a la que arribaron tanto el pastor como el miembro que sufre, la cual es sensible a los sentimientos, y también va más allá para llegar a la verdad. La verdad no es simplemente lo que el pastor siente personalmente sino lo que Dios nos dice por medio de Jesucristo en las Sagradas Escrituras. Algunos piensan que la Biblia no tiene valor en la vida al decir que un libro escrito en el primer siglo no puede contestar las preguntas de nuestro siglo; sin embargo, tenemos que preguntarnos si nuestro siglo está haciendo la pregunta correcta. Es al pie de la cruz en donde comenzamos a aprender cuáles son las preguntas y respuestas correctas para nuestras vidas. Hoy en día, necesitamos mucho más que antes del cuidado pastoral porque, no sólo nos consuela, sino porque también es un gran ejemplo de cómo Dios nos alimenta, y de su invitación a alimentar a otros. En un mundo individualista, relativista y utilitario, la Biblia es la luz en la oscuridad. Permite que las personas no sólo se preocupen por sí mismas sino también por el prójimo, hace que las personas pasen de los sentimientos a ver la vida desde una perspectiva santa.

Los sentimientos son una parte legítima de lo que significa ser humano; sin embargo, no representan la fe. Por ejemplo, sería peligroso decir que la depresión es una consecuencia de la pérdida de fe. Martín Lutero sufrió ataques de melancolía pero nunca perdió su fe. De hecho, fue en esos momentos de tal desesperación en los que se aferró más a la convicción de que, aunque Satanás le dijera que estaba perdido y sin Dios, gritaría al pie de la cruz que Jesús vive en él y, por ende, Martín vive.

Los sentimientos no representan la fe sino las claves para identificar necesidades. La sensibilidad pastoral requiere el deseo de sentir el dolor de otros para así saber lo que necesitan. En mis clases de cuidado pastoral les digo a mis estudiantes que cuando estén con un paciente y comiencen a sentir empatía por algo en particular, pregúntense de dónde proviene ese sentimiento. Está bien suponer que proviene del paciente. Si un paciente esta frustrado, impaciente o temeroso, transmitirá ese sentimiento al pastor quien está dispuesto a escuchar atentamente a la persona que sufre. El sentir igual que el otro se conoce como empatía: sensibilidad tan intensa que hace que el que escucha comience a tomar como suyos los sentimientos del que habla. El objetivo del cuidado pastoral es aceptar estos sentimientos transmitidos sin dejarse absorber por ellos. Más aún, el

INTRODUCCIÓN

cuidado pastoral intenta hablarle a los sentimientos con la verdad que está por encima de ellos, dándole así al paciente o al miembro algo de dónde sostenerse además de los sentimientos de estar más cerca de Dios. Finalmente, en este sentido, el cuidado pastoral enseña compasión y consuelo. Para interpretar la acción y la presencia de Dios en la vida de las personas, el pastor debe prestar atención a los sentimientos. Pero hay que tomar en cuenta que permanecer en los sentimientos compartidos sólo ofrece alivio momentáneo. Es por ello que se debe interpretar lo compartido. El cuidado pastoral requiere tanto sensibilidad como objetividad, de tal forma que los sentimientos lleven a descubrir el significado espiritual. Éste es el desafío del cuidado espiritual.

El cuidado pastoral como apoyo

El cuidado pastoral ofrece apoyo (sustento espiritual) a una persona que sufre mientras que Dios actúa en ella. Creemos que lo que Dios está haciendo es bueno. Nuestro ministerio no ofrece fatalismo ni una simple resignación, sino la seguridad de que Dios sabe mejor que nosotros lo que nos conviene. Esto es lo que reconocemos cuando decimos "hágase tu voluntad". "Hágase tu voluntad" no es resignarnos a la voluntad de Dios sino pedir que se haga su voluntad porque ya no sabemos lo que es bueno o no para nosotros. Como la voluntad de Dios es buena y misericordiosa, no tenemos que saber lo que nos viene, pero sí podemos volvernos a Dios quien sabe lo que nos conviene y hace lo que es bueno.

No se puede esperar que las carreras médicas (incluyendo la siquiatría), como institución de nuestra cultura, vea el cuidado pastoral como algo más que un servicio de apoyo para los pacientes. Posiblemente deba ser visto así, ya que la cultura no debe ni puede identificar las necesidades espirituales de las personas. Pero dentro de la cultura, incluso a pesar de ella, los individuos pueden ver las necesidades de los otros. Las personas del área médica pueden ver el cuidado pastoral como algo más que otro servicio de apoyo, especialmente aquellas personas cuya fe, sea fuerte o débil, les ayuda a mirar a Dios como el creador y el sustentador de los cuerpos, mentes y almas. No obstante, están los otros que consideran al pastor como una ayuda para los pacientes (al menos para los propios miembros del pastor) sin saber lo que éstos valoran. Es aceptable que haya una perspectiva sin fe en un mundo imperfecto. Deberíamos apreciar esa forma de pensar, pero nosotros, los pastores, no estamos para descubrir lo que el campo médico piense qué significamos para los pacientes. Sabemos que nuestra legitimidad viene de Dios, quien nos invita a entrar en la vida de cualquiera que esté en sufrimiento.

Probablemente cada capellán clínico, y si no me equivoco, hasta cada pastor, se ha dado cuenta de que la mayoría de la gente asocia el cuidado pastoral con la muerte. "Si todo lo demás no funciona, llamen al capellán o al pastor." Esa frase ha sido desde algún tiempo la respuesta espontánea del campo médico que ve algún valor en la participación del capellán o pastor. Recuerdo una vez que estaba en el ascensor con un hombre que iba a visitar a un enfermo. Permaneció en silencio mientras subíamos del primer al quinto piso. Al abrirse las puertas del ascensor, salió, se volteó hacia mí y me dijo de forma irónica: "Si algún día llego a estar enfermo, espero no verlo por acá." Y en muchas otras oportunidades algún médico me ha parado en el pasillo para decirme: "El señor (tal) tiene (tantas) horas de vida y me gustaría que lo preparara para que se encuentre con su Creador."

Aunque posiblemente menos del 10 por ciento de lo que diariamente hago como capellán de un hospital tiene que ver una persona moribunda, es válido asumir que cuando pensamos en que vamos a morir enseguida asociamos este hecho con el cuidado pastoral. Los individuos necesitan "estar en paz con Dios" y la comunidad a fin de que la muerte tome lugar en un contexto de reconciliación con Dios y con su iglesia, el pueblo de Dios. Ninguno vive o muere para sí mismo, pero las dos cosas ocurren en la presencia de Dios y de aquellos que murieron y volvieron a la vida como sus santos en la tierra y en el cielo.

La necesidad del cuidado pastoral está a la par con la necesidad de la comunidad. La frase "No es bueno que el hombre esté solo" se aplica al enfermo y al moribundo de la misma forma como al matrimonio. En una sociedad que considera la autonomía y el derecho a la privacidad como sus mayores posesiones, es muchas veces inconcebible pedir compañía para los débiles y los que han perdido el control de sus vidas. Pero es tarea del pastor, si es necesario, pensar en ello por el bien del miembro de la iglesia. Alguien en una ocasión me demostró que el aporte del cuidado pastoral es único y tiene un alcance mayor en comparación con otras formas de cuidado.

Una historia de cuidado pastoral

Ana había estado hospitalizada desde hacía tres días. Parecía que nadie podía entender por qué seguía llorando día y noche. Su reumatólogo la internó por sus dolores en las coyunturas y por su vieja artritis que una vez más hizo estragos en ella y parecía que ya ningún analgésico ayudaba. Ana se había dado cuenta de que el dolor no era igual que antes. Un psiquiatra le medicó antidepresivos, pero pasarían varias semanas antes de que Ana viese los resultados. Así que, alguien en la unidad sugirió que era hora de llamar al capellán porque ya no se podía hacer más nada.

Encontré a Ana desconsolada. Estaba confundida y apenada por sus lágrimas. Dijo que se sentía tonta pues no encontraba ninguna razón que las justificara. Durante la visita le mencioné la muerte de su esposo que había ocurrido hace ya unos nueve años. Sin lágrimas en sus ojos y con amargos recuerdos me contó con detalle el suicidio de su esposo. Lo había encontrado ahorcado en el garaje. Ya había experimentado momentos de aflicción con otros pacientes y al sentir a Ana tan fría mientras hablaba sobre la muerte de su esposo, le pregunté si había llorado esta muerte. A lo que respondió "no" sin ninguna explicación. Traté de adivinar lo que le pasaba ya que no quiso hablar mucho al respecto y sospeché que en su respuesta había rabia escondida. "¿Te molestaste por lo que hizo?" pregunté y respondió rápidamente "no, ¿cómo podría estar molesta con él si lo amaba demasiado?" Como sé que a los cristianos se les hace difícil admitir que están molestos, le pregunté "¿Qué hubiese pasado si en lugar de quitarse la vida te hubiese abandonado? ¿Estarías molesta con él?" En ese momento titubeó, su cara se enrojeció y sus ojos se llenaron de lágrimas. "¡Sí!", dijo con fuerte voz. "Eso fue lo que nos hizo a mi hija y a mí." En ese momento, en lugar de lágrimas había una corriente de rabia verbal... rabia que reflejaba la ambivalencia del amor y el odio que sentía por su esposo. Hablamos por una hora. Sus lágrimas desaparecieron. Su rabia se desvaneció. Al final oramos. Como siempre intento hacer en la oración, incluí lo que recién habíamos experimentado con relación a la sanidad que Dios da a un corazón muy herido, y la necesidad que Ana descubrió de perdonar a su esposo por lo que le había hecho a ella y a su hija. Después de esto terminé mi visita y me fui.

El día siguiente en la tarde Ana me pidió que la visitara nuevamente. Enriqueció la historia de su rápida recuperación emocional al contarme que se había reconciliado con su hija después de tantos años de problemas debido a la rabia que el suicidio causó en las dos. Quería que supiera que yo había sido el instrumento utilizado por Dios para transformarla.

El cuidado pastoral se mueve más allá del área de la sicología, porque ésta no puede llevarnos al perdón que recibimos del único que nos puede sanar completamente. El cuidado pastoral es único. Su significado no proviene de la cultura ni de lo que reconozca la medicina. Los pastores necesitan guiar la cultura, no seguirla, y proporcionarle lo "único necesario" que sólo Dios puede darnos: perdón, esperanza y un futuro en esta vida y en la venidera. Es mi deseo que lo que sigue a continuación les ayude a aprender a hacerlo.

1

La cruz como modelo para el cuidado pastoral

Un cuerpo humano: mi crucifijo

Un cuerpo humano, frente a mí, sin vida.
Todo el año, ante mis ojos
    para recordarme, recordarme cómo es la vida.

Un cuerpo humano, sobre un madero, clavado, colgado.
Una mirada extraña, siempre allí, cuando no puedo
    enfocarme en cómo son las cosas.

Un cuerpo humano, tan frío y sin vida, muerto.
Una memoria tan viva que
    me permite ver los horrores en una nueva luz.

Un cuerpo humano, un misterio que da vida de la muerte.
Una respuesta a mi dolor y temor desesperados,
    para romper la ventana de mi vida con esperanza.

Un cuerpo humano, quieto… vivo, tranquilo… regocijándose conmigo.
Tengo otra vida en la vida y en la muerte
    para enfrentar con valentía la muerte y lo peor.

DESCUBRIENDO LA TEOLOGÍA DE LA CRUZ

La idea principal de este capítulo y verdaderamente de todo el libro es que el cuidado pastoral no tiene la finalidad de quitar el sufrimiento en la vida de alguien sino de ayudarlo a que aprenda a interpretar su sufrimiento al pie de la cruz. Cuando el que sufre está alejado de la cruz, se siente en un mundo sin sentido y fuera de control que no ofrece esperanza alguna. Tal desesperanza lo convierte en una persona vulnerable a las invitaciones desesperadas de nuestro mundo, que lo llevan a hacer con su vida lo que quiera y si nada funciona, a eliminar el sufrimiento exterminando al que sufre. Esto puede lograrse por medio del descuido, el abandono, o hasta el suicidio y la eutanasia. Cualquier cosa para eliminar el dolor.

Aunque el cuidado pastoral tiene como tarea ayudar a la gente a interpretar el sufrimiento y no hacer algo para removerlo, hay cosas como el Bautismo, la Santa Comunión, la oración, la lectura de la Biblia, que el pastor debe *hacer* para ayudar a que las personas vivan con sus sufrimientos. Pero aun tales medios de los que se vale el pastor presuponen el contexto de la cruz de Cristo. Es por ello que el objetivo del cuidado pastoral es ayudar al que sufre a interpretar en el sufrimiento tales "medios" en los términos de la cruz. Lutero dijo: "Merece ser llamado teólogo aquel que comprende lo visible y manifiesta lo que hace Dios a través del sufrimiento y de la cruz."[1] Y los pastores son ante todo teólogos, llamados a ser luz en la oscuridad de las vidas de los que sufren. Como pastores somos mayordomos de los misterios de Dios, nos guste o no.

Para muchos, la cruz significa que somos salvos de nuestros pecados gracias al sacrificio de Cristo en la cruz. Este acto de Dios es clásicamente conocido como nuestra "justificación". Pero "ser salvos" no es sólo un asunto de obtener un seguro contra el infierno o para la vida eterna. La justificación significa que nacimos nuevamente y que ahora formamos parte de la comunidad de fe para vivir una nueva vida sobre la tierra. Vivir esta nueva vida en Cristo es tradicionalmente conocido como nuestra "santificación". Tanto la justificación como la santificación tienen su centro en la cruz. El cuidado pastoral tiene la tarea de ayudar al que sufre a que sepa relacionar, en ese mismo momento, la cruz con su sufrimiento y la esperanza en el mañana. El señor Witti es un buen ejemplo de sufrimiento personal y de la cruz.

---

1   *LW*, 31, 52.

La teología de la cruz y la teología de gloria

El señor Witti pidió la visita del capellán del hospital antes de su operación. Cuando llegué a la habitación lo encontré sentado en la silla al lado de su cama temblando porque en su operación del día siguiente le pondrían un marca pasos. Endurecido, no por su temperamento sino por trabajo manual, dijo poco pero me pidió que orara por él. Pedimos que todo saliera bien. Eso ocurrió hace aproximadamente dos meses y hoy en día el señor Witti aún permanece en el área de cuidados intensivos. Está consciente, mas depende de un respirador y requiere de diálisis varias veces a la semana. Aparentemente, la oración que hicimos para que se recuperara sin complicaciones no surtió efecto.

Sin embargo, lo que es notable en el señor Witti es su gran fe en Dios. Aunque no ha podido hablar por casi dos meses debido a su respirador, me pide diariamente (por señales) que ore con él. Así lo hago. A diario pedimos que Dios dirija todo lo que ocurra en el día. También oramos para que se haga la voluntad de Dios.

Cada vez que oramos, el señor Witti hace un gran esfuerzo para alzar su mano y hacer la señal de la cruz en su cabeza y corazón. Esta señal no es un simple ritual para el señor Witti. Él sabe que la cruz permanece en el corazón de aquel que confía en el Señor.

El señor Witti tiene una hija. Cuando nos paramos cerca de su cama, generalmente me siento molesto, frustrado y siento empatía hacia los sufrimientos del señor Witti, pero su hija, quien es muy alegre, le asegura siempre que todo estará bien y que Dios lo sanará. "No hay nada de que preocuparse" dice. Pero, aparentemente, su padre no se siente consolado por estas palabras y me mira y me hace la señal de la cruz. A diferencia de su padre, la hija del señor Witti tiene una mala interpretación de la fe. Cree que su padre será sanado y que la fe es el camino a esa sanidad. No hay lugar para las flaquezas y los sufrimientos dentro de lo que ella entiende es la voluntad de Dios. El señor Witti se ha rendido ante la voluntad de Dios y confía en que Dios aún está a su lado, mientras que su hija quiere que Dios se rinda ante lo que ella desea para su padre.

La diferencia entre lo que entiende el señor Witti y su hija sobre la forma de actuar del Señor es un ejemplo vivo de la diferencia entre lo que Martín Lutero llamó "la teología de la cruz" y "la teología de gloria".[2] Lutero creó estos términos para expresar la distinción que hace San Pablo y toda la Biblia sobre las formas de actuar de Dios y del hombre. Aunque la teología de la cruz es difícil de entender por ir en contra de cualquier instinto humano y por su "necedad"[3], es necesario entenderla para proporcionar un cuidado pastoral fiel a las personas enfermas, los que sufren y los moribundos.

Lutero dice: "Sin la teología de la cruz el hombre maneja lo mejor de la peor forma",[4] porque la teología de la cruz es la única forma en la que Dios obra. "Dios desea ser reconocido", no en la riqueza, la salud y el éxito, sino en "el sufrimiento"[5]. Por más que los miembros de una iglesia quieran ver la mano de Dios en las hermosas salidas del sol que nos ofrece la naturaleza, en las conmovedoras historias de conversiones o el éxito de programas aplicados por la iglesia, es en la cruz de Cristo y en el hecho de cargar sus propias cruces en donde Dios elige revelarles su corazón.

Lutero comenta lo siguiente sobre la teología de la cruz: "La teología de la gloria dice que lo malo es bueno y que lo bueno es malo. La teología de la cruz llama las cosas por su nombre."[6] La hija del señor Witti no podía "llamar las cosas por su nombre". No podía ver que la enfermedad de su padre lo llevaría a una "muerte" inevitable.

El mismo problema ocurría con Jesús y los discípulos cuando les hablaba sobre su muerte en la cruz. Parecía que ellos no entendían a Jesús, pero yo pienso que sí lo entendieron perfectamente. Su problema era que negaban y rechazaban esa verdad. No querían que las cosas ocurrieran de esa forma. La hija del señor Witti no quería que el final fuese la muerte de su padre. Llamó a lo malo bueno y se apegó a la teología de gloria.

En resumen, la teología de la cruz dice que Dios viene a nosotros en nuestros momentos de debilidad y en nuestras penas, en la cruz y en nuestros propios sufrimientos. La teología de la cruz nos dice: "Te basta con mi gracia, pues mi poder se perfecciona en la debilidad."[7] Por otro lado,

---

2   Ibíd.
3   1 Corintios 1:18
4   *LW*, 31, 55.
5   Ibíd. 52.
6   Ibíd. 53.
7   2 Corintios 12:9.

esta teología dice que Dios no debe ser encontrado en la debilidad sino en el poder y la fuerza, y por ello, debemos buscarlo en las señales de sanidad, éxito y victoria aparentes sobre las enfermedades de la vida. El señor Witti pudo ver a Dios en sus propios sufrimientos, pero su hija no, y es por esta razón que ella decidió buscar a Dios en la sanidad que ella quería que viniese de sus oraciones y de su fe. Todos nosotros en algún momento nos hemos aferrado a la teología de gloria. No queremos rendirnos ante Dios sino a la forma en cómo queremos que Dios aparezca y haga su magia en medio de los problemas.

Si no entendemos la distinción entre la teología de la cruz y la teología de gloria, nos dejaremos arrastrar por la teología de gloria, en la que nuestra cultura cree que Dios obra a través de la afirmación propia de la sicología popular y la gratificación momentánea. Comenzaremos a exigirle a Dios que se justifique ante nosotros en nuestros sufrimientos dándonos sanidad y éxito. Pediremos a un Dios que hace lo que queremos y rechazaremos el camino de la cruz que es por medio del cual Dios viene a nosotros. Le temeremos al sufrimiento y nos preocuparemos por cómo evitarlo a expensas de la verdad y la fidelidad. Diremos que la eutanasia es "buena" y que lo bueno que proviene del sufrimiento es "malo".

La tragedia y la comedia vistas desde la perspectiva de la cruz

Gene Edward Veith le da otra perspectiva a la teología de la cruz y la teología de gloria. Al describir el "sentido trágico y el sentido cómico de la vida"[8] utiliza la definición literaria de Dante de la tragedia y la comedia. Dante dice: "Una tragedia es una historia que comienza con alegría pero termina en dolor. Una comedia es una historia que comienza con sufrimientos pero termina en alegría." Veith nos deja la siguiente pregunta: "¿Es entonces la vida una tragedia o una comedia? Aquellos que ven la vida como una comedia ahora esperan sufrimiento... y aquellos que ven la vida como una tragedia ya no esperan sufrimiento... El punto de vista del cristiano en el mundo anima a vivir la vida como una comedia."[9]

---

8   Gene Edgard Veith, *Reading Between The Lines: A Christian Guide to Literature*. (Wheaton, Illinois: Crossway Books, 1990), 103.
9   Ibíd., 104-5.

Si una persona se aferra a una vida trágica y busca la felicidad a cualquier costo, devaluando así el sufrimiento de esta vida, entonces inevitablemente estará tomando la postura de la teología de gloria, en la cual busca evitar el sufrimiento, posiblemente hasta el punto de llegar a la desesperación y la destrucción propia por medio del suicidio. Si se inclina a una vida desde el punto de vista de la comedia, aceptando el sufrimiento inevitable del momento y esperando el gozo al final, esta persona está viviendo una teología de la cruz que no le permite ver la fuerza de Dios en la debilidad de su sufrimiento. Esta persona encontrará paz solamente cuando confíe sus debilidades a la fuerza de Dios. Hasta puede aprender a reírse del hecho de tomar muy en serio su sufrimiento y dolor. Veith nos recuerda que "lo que nos hace reír en las comedias es el choque del orgullo humano contra los límites humanos".[10]

Al vivir en una cultura que no cree que haya algún límite para los logros humanos, fácilmente podemos transmitir a la vida cristiana un sentido de utilitarismo, que cree que no es el pecado humano sino la falta de método lo que nos impide conquistarlo todo. En la pared de la antigua biblioteca de nuestro hospital cuelga una dedicatoria que dice al final "... con la esperanza de que el estudio y la reflexión hecha dentro de estas paredes los ayude a aliviar los sufrimientos y los guarde de la muerte". ¡Qué gran desafío y expectativa para el hombre! Algunos en la iglesia también creen que "cuando la situación se torna difícil, el más fuerte sale adelante". Esta teología de gloria nos lleva al tipo de enfoque que propone diez pasos para solucionar los problemas. En este caso, para solucionar los dilemas del pecado. La solución pareciera que depende de cosas que se deben hacer y no de la gracia.

Posiblemente algunos piensen que este libro deba llamarse *Los diez pasos para vivir mejor con el sufrimiento*, en el que se mencione una lista de cosas para hacer a fin de evitar o aliviar el sufrimiento y sustituirlo por la prosperidad del cuerpo, mente y corazón, pero ésa no es la forma como obra la cruz. Ésa es la forma humana de la teología de gloria. Contrario a esto, es por medio de la cruz que Dios nos habla en el sufrimiento. La forma como obra la cruz es "una tontería para los que perecen" mas es sabiduría para los que son salvos. No es que queremos ser sádicos, miserables o que

---

10 Ibíd.

nos guste sufrir; es simplemente que no creemos que la forma de acabar con el sufrimiento en esta vida sea por logros humanos, ni siquiera si son hechos en el nombre de Dios. En lugar de hacer que el espíritu humano pelee contra el mundo, la carne y el mal, lo que debemos hacer es seguir a un Dios que nos guíe al pie de la cruz para conseguir consuelo. Es allí donde debemos pedir dirección.

DEL "POR QUÉ" AL "DÓNDE"

Si el cuidado pastoral no consiste en hacer algo para eliminar el sufrimiento sino en interpretarlo a través de la cruz, entonces debemos empezar por lo que Dios elija revelarnos y no por lo que la gente quiere que Dios le revele. Hoy en día, la gente no siente mucha necesidad de justificarse delante de Dios, sino de que Dios se justifique delante de nosotros. Es por ello que la pregunta más común que la gente hace frente al sufrimiento es "¿Por qué Dios me está haciendo esto a mí?" y aunque puede haber algún indicio de búsqueda genuina de lo que Dios quiere para nosotros en medio del sufrimiento, casi siempre la pregunta refleja una actitud marcada que realmente quiere decir "no me merezco esto; Dios debería tratarme mejor".

Finalmente, la pregunta apropiada no es "¿Por qué Dios me está haciendo esto?" sino "¿Dónde está Dios en esta situación?" "¿Dónde está Dios en mi sufrimiento?" El "por qué" del sufrimiento, motivado por la exigencia de que Dios debe justificarse ante nosotros es una pregunta sin sentido. Las respuestas que dicen que Dios nos está probando, castigando, enseñando o previniendo, raramente corresponden a nuestras situaciones particulares o a las de otros. Como no conocemos la mente de Dios, no podemos saber cuándo o cómo estas respuestas son las apropiadas. Job se dio cuenta de que su pregunta "¿por qué me estas haciendo esto?" no recibió otra respuesta más que una que señalara la cruz. Es al pie de la cruz hacia donde el pastor debe guiar a sus miembros. Encontrará resistencia. Todas las exigencias que hacemos a Dios para que nos dé respuestas, y todo el orgullo humano que siente que merece respuestas, deben terminar al pie de la cruz. Pregúntese "dónde" en lugar de "por qué". "¿Dónde está Dios en el sufrimiento, en mi sufrimiento? Y Dios responde: "¡Justo en medio de él!"

Dios en medio del sufrimiento

La teología de la gloria nos distancia de Dios y de los demás. Algunos de los pacientes más complicados que he tenido que pastorear en el hospital han sido buenos cristianos que les ha costado admitir sus miedos y preocupaciones por las enfermedades que los amenazan.

Dawn, una paciente de treinta años, con cáncer, conoció a Cristo cuando estaba en la universidad. Allí no sólo encontró a Jesús sino también un grupo de amigos que compartían la misma fe y que nunca se apartaron de ella en medio de su enfermedad. Estas personas oraban por ella no sólo en privado sino también juntos al pie de la cama de Dawn y se mantenían en vigilia por muchos días seguidos. Para los pastores que quieren servir de apoyo a sus miembros, generalmente el hecho de que el paciente esté constantemente rodeado de personas hace difícil hablar a solas con éste sobre sus preocupaciones y miedos. Esto fue lo que ocurrió con Dawn. Era como que si estos amigos estaban allí para protegerla de la duda y del temor de enfrentar la situación.

Dawn y sus amigos estaban envueltos en una "conspiración contra la fe" al tratar de mantener alejados al maligno y a la muerte con oraciones y al darse ánimo entre ellos. Desafortunadamente, Dawn y sus amigos creían que la enfermedad y la muerte eran enemigos que podían ser controlados y derrotados con su fe. Esta fe parecía lindar en algunas ocasiones en "el poder de un pensamiento positivo". Juntos enfrentaron a Satanás y lucharon contra todo aquello que hiciera reflejar en Dawn su temor por su enfermedad o posible muerte. Su ingenuidad en cuanto al poder del pecado y la muerte enriqueció la teología de la gloria y mantuvo a Dawn aislada entre sus amigos. De hecho, esto creó un aislamiento espiritual y emocional entre ellos mismos; era como si tenían algún código ético que les prohibía hablar sobre la derrota y la muerte. La fe y la fidelidad estaban en juego y la amenaza era abrumadora.

Finalmente, Dawn se deprimió y se aisló, sin duda en parte debido a que no se le permitió compartir sus sentimientos más íntimos. La vigilia continuaba pero ya era como obligada y se tornó inconstante. Ninguno parecía saber qué hacer frente a la inminente muerte. El día de la muerte de Dawn, no había "paz que sobrepasara todo entendimiento humano", se sentía un ambiente de derrota, no había ningún enfoque en la victoria de Cristo sobre el sufrimiento. La teología de la gloria hizo su tarea de dañar.

La teología de gloria no sólo nos distancia de Dios sino que también aleja a los miembros de sus pastores y a los pastores de sus miembros. Hay muchos pastores que sin saberlo crean una distancia entre sus miembros en el nombre de Dios. Transmiten esta actitud: "¡Si tienes fe puedes salir de esto! ¡Dios nunca te dará mas cargas de las que puedas soportar! Los dichos y refranes, generalmente en forma de pasajes bíblicos, caracterizan la visita pastoral. Aunque es cierto lo que dicen estos pastores, no lo hacen en el momento oportuno, o sus palabras no son las apropiadas para la situación. Mucho más importante, los refranes no reflejan en el momento, sensibilidad hacia las necesidades particulares de la persona. Los clichés y los refranes deben dejarse como calcomanías que se pegan en el automóvil y no para decirlas en la cabecera del enfermo. Exploraremos más adelante mejores formas de tratar al que sufre. Mientras tanto, debe mencionarse que los pastores algunas veces inconscientemente fomentan la teología de la gloria en lugar de llevar el sufrimiento de la gente al pie de la cruz.

EL PUENTE ENTRE DIOS Y NOSOTROS

La teología de la cruz tiende un puente entre Dios y nosotros ya que la teología de la gloria nos separa de él. Cuando un miembro trata de ser fuerte en medio del sufrimiento, creyendo que es un acto de fe, entonces estará resistiéndose a la propia revelación de Dios en las debilidades. Cuando Dawn y sus amigos trabajaban duro para apoyarse en la fe, en realidad se estaban negando a reconocer algunos de los miedos y sentimientos que estaban experimentando a un nivel profundo. Estos temores y sentimientos no eran (como suponían) enemigos que se debían resistir sino que formaban parte del sufrimiento por medio del cual Dios se nos muestra con compasión y perdón. En cada uno de nosotros existe el deseo de evitar la muerte. Aunque junto con Pablo podamos realmente desear "partir y estar con Cristo", en lo más profundo de nuestro ser aún deseamos vivir porque Dios ha puesto ese deseo en nosotros. Desde el principio, no fue el deseo de Dios que muriéramos sino que viviéramos en esta tierra. La vida del que nace es para vivirla aquí y ahora. Los cristianos no debemos menospreciar esta vida aunque en algunos momentos se torne dura y dolorosa. La fe nos hace reconocer el regalo de la vida y el valor de vivir aún con esperanza en un mundo caído.

El temor a la muerte es, entonces, natural y apropiado. Hablaremos más adelante sobre este pensamiento, por ahora es suficiente reconocer que no nos gusta sentirnos amenazados por la muerte. Jesús sintió lo mismo. La experiencia de nuestro Señor en el Jardín de Getsemaní es una parte de la teología de la cruz. Allí vemos a Jesús, con miedo a morir y considerando evitar la muerte. Jesús le pide a su Padre celestial que le quite ese trago amargo. No es sino después de que Jesús se da cuenta de su repulsión hacia la muerte y del temor a su aguijón que el Padre envía a sus ángeles para que lo consuelen. Antes de esto, cuando se arrodilló para orar, el Señor no experimentó otra cosa más que agonía y sudor en forma de sangre.

Si nos hacemos los ingenuos frente a la presencia del pecado y de su poder de matar, estaremos intentando vencer el sufrimiento por nuestras propias fuerzas, y algunas veces llamaremos a esa fuerza "fe". Pero, si por cualquier medio intentamos ocuparnos nosotros mismos del pecado y la muerte, estamos siguiendo la teología de la gloria y no la teología de la cruz. Sólo Jesús puede encargarse de la muerte y vencerla.

Nuestro llamado es que nos arrodillemos al pie de la cruz y que reconozcamos nuestros temores y debilidades. Si le confiamos todo a él, encontraremos esperanza en lo que hizo por nosotros en la cruz. Esta experiencia diaria de humillarnos al pie de la cruz en medio de nuestro sufrimiento es la forma en la que actúa la cruz, nuestra santificación. Es doloroso. Diariamente muere el viejo Adán y nos encontramos muertos en nuestros propios pecados y recursos, incluyendo el recurso de la fe, que suponemos que es nuestra contribución a la habilidad de Dios de salvarnos en medio del sufrimiento.

Realmente somos salvos por gracia aun en el sufrimiento. Martín Lutero describió nuestra vida en Cristo como una muerte y resurrección diarias en las que el viejo hombre pecaminoso es sumergido y el nuevo hombre en Cristo se levanta a la vida para enfrentar un nuevo día. La inmersión ocurre cuando nos arrepentimos y recordamos quién y de quién somos gracias al Bautismo. La forma en que obra la cruz es la humillación y no la exaltación. La exaltación vendrá al final.

Posiblemente la característica más predominante en aquellos que viven bajo la teología de la cruz es que reconocen sus debilidades frente al sufrimiento. Una cultura que valora la determinación propia y el control personal sobre cualquier autoridad o influencia externa no se sentirá atraída por la teología de la cruz. Aun para los cristianos, el mundo forma gran parte de sus vidas y frecuentemente no reconocen la influencia de los valores y normas del mundo secular en sus vidas, y que éstas van en contra de su fe.

Señalando hacia Dios

El objetivo del cuidado pastoral bajo la cruz no es tratar de eliminar el sufrimiento sino hacer que el miembro fije su mirada en Cristo en medio del sufrimiento. Otros tienen como tarea eliminar el sufrimiento hasta cierto punto. Dios ha puesto entre nosotros a médicos, enfermeras, terapeutas, técnicos y consejeros para aliviar el sufrimiento. El cuidado pastoral, por otro lado, se preocupa por la presencia de Dios en el sufrimiento. Se preocupa por ayudar a que el miembro vea a Dios en ese momento de aflicción.

La postura de arrodillarnos al pie de la cruz nos permite ver el obrar de Dios en el sufrimiento. Irónicamente, nuestras debilidades hacen posible que veamos a Dios. Ésta es una verdad no sólo para el miembro sino también para el pastor quien vive el sufrimiento de su oveja. Al entender esto, podríamos decir (y que no se malinterprete) que la experiencia de derrota y el sentimiento de debilidad es bueno para los pastores. Jesús experimentó una aparente derrota y debilidad, y llamamos a ese día Viernes Santo (Nota del editor: Aquí en inglés dice "*Good* Friday", Viernes *bueno*). El sufrimiento nos rinde al pie de la cruz, en donde ambas personas que sufren (pastor y miembro) descubren el significado de la cruz y la paz que "sobrepasa todo entendimiento". La derrota es el camino a la cruz, pero irónicamente, si se reconoce con fe se convierte en victoria.

2

El pastor como el que carga la cruz

La oración de un pastor

En la disonancia de la vida,
    cuando los gritos del mundo,
        con los llantos de los quehaceres
            desgarran el alma del mundo,
¡espero una voz de sanidad!

Cuando el vacío de la RELIGIÓN,
    unida a la certeza de
        la insignificancia pluralista,
            exige ser oída,
¡espero una voz que diga la verdad!

Con la tentación haciendo alarde del
    dogmatismo y el rechazo,
        y el ruido de las voces
            que no escuchan,
¡espero escuchar la voz de Dios!

Dos pastores

Una de las primeras visitas que hice al hospital después de mi ordenación fue en respuesta a la petición de un miembro de ver a su anciano padre. Se enfermó de repente y su estado era crítico. Era un miembro de otra congregación ubicada a unos 48 kilómetros del lugar y su familia había tratado de comunicarse con su pastor pero no había podido localizarlo. Cuando llegué, ya la familia se había reunido en la habitación del pequeño hospital de la comunidad. Esto fue antes de su muerte. La familia no me conocía pero me permitió compartir esos momentos íntimos. Adela, miembro de mi iglesia, lloró en silencio a mi lado, me tomó fuertemente del brazo como diciéndome quiero que te quedes con nosotros. Posiblemente, percibió que por ser un pastor joven, me sentía incómodo y que hubiese preferido estar en cualquier otro lugar menos allí. La respiración del padre se hizo cada vez más débil y al momento de su muerte pareció que se fue sin darse cuenta. Aún después de su muerte, su familia permaneció a su lado, con lágrimas en los ojos pero consolándose entre ellos. Lloré con ellos y estoy seguro de que había empatía en cuanto a nuestro sentido de debilidad. "Por mandato de mi Señor Jesucristo" estaba allí y fui utilizado por Dios para hacerles sentir que él estaba con ellos en medio de su dolor.

En ese momento la puerta se abrió estrepitosamente y por ella entró el pastor desaparecido. Finalmente, se había enterado de lo que había ocurrido. Con la Biblia en la mano y su abrigo en un brazo se acercó rápidamente a la cama y aparentemente, ordenó a la familia que orara con él. Estuvo con ellos sólo unos minutos y luego se marchó.

La familia tuvo que haberse sentido algo complacida con sus palabras de consuelo. Posiblemente me saludó (ya nos conocíamos), pero todo pasó tan rápido. Su visita tan drástica y agitada contrastó tanto con la muerte tan apacible de este señor que cada vez que recuerdo la visita de este pastor es como un pensamiento confuso, borroso en mi mente. Estoy seguro de que lo poco que pude hacer me aturdió tanto como el intento de cuidado pastoral de este pastor; pero sí recuerdo que me molestó mucho lo que estaba pasando. Cuando iba en mi automóvil al salir del hospital exploté por la insensibilidad de este pastor. Me había sentido débil ante la muerte, pero este pastor pareció indiferente e insensible. De todas formas, él había hecho algo y yo no pude hacer mucho; pero cada uno hizo el intento de ayudar a esta gente abatida a cargar su cruz en el sufrimiento.

Cuando Jesús invita a un discípulo a que se "olvide de sí mismo, tome su cruz y lo siga", lo está invitando a dejar a un lado la obsesión por sí mismo y a ser su testigo fiel ante la muerte. Jesús dijo: "El que quiera salvar su vida, la perderá; pero el que pierde su vida por mi causa, la encontrará" (Mateo

16:25). Cada situación que nos hace escoger entre ser testigos de nosotros mismos y ser testigos de Cristo tiene que ver con el hecho de llevar la cruz, porque nos pone en desacuerdo con la obsesión del mundo con el yo. Se nos advierte que al final de los tiempos "la gente se amará a sí misma" (2 Timoteo 3:2).

La preocupación por uno mismo y la realización de los propios deseos por esfuerzo propio han influido en la bioética para adoptar el lenguaje de "derechos". El lenguaje de derechos se encarga de cuestiones procesales y no de los asuntos principales. Esto significa que al haber perdido la objetividad como sociedad y aceptado el relativismo en nuestros valores, nuestra sociedad no es capaz de decir qué es lo que le da significado a su vida. En lugar de enfocarse en algún significado absoluto, se enfoca en el proceso de trabajar hacia el "logro", sin ninguna esperanza de llegar allí. Según este relativismo, nunca llegaremos porque no hay absolutos adonde llegar. Así que se nos anima a valorar el proceso relativo y no la sustancia absoluta como la meta de la vida.

Por otro lado, la meta del cristianismo en la vida no es comprometerse en procesos adornados con el lenguaje de derechos individuales. Al contrario, la meta del cristianismo debe nacer de la convicción real de que provenimos de Dios y somos redimidos por él, para vivir por él y regresar a nuestro Señor Jesucristo. En este Cristo encontramos nuestra satisfacción. Ya que por medio de la cruz podemos alcanzar esta meta, es cuando la llevamos que encontramos satisfacción en la vida y la muerte. Los pastores son llamados a cargar junto con sus miembros sus cruces y a no preocuparse por la satisfacción propia. William Hulme lo dijo muy bien hace ya unos 30 años: "El antídoto para la desesperación del ministro es la participación en la vida de su gente."[1]

Los pastores cargan las cruces de aquellos que sufren. Lo hagamos muy bien o no tan bien, es parte de nuestro llamado. Hacer llamadas al hospital, visitar geriátricos, animar a los ancianos y apoyar a los desvalidos, es parte del cuidado pastoral desde la perspectiva de la cruz. En la historia narrada anteriormente, el segundo pastor intentó encargarse de todo en el nombre de Dios. Eligió tener poca participación personal en la vida de sus

---

1 William E. Hulme, *Your Pastor's Problems* (Minneapolis: Augsburg Publishing House), 45.

miembros, en lugar de realizar las tareas de su llamado como pastor. Irónicamente, descubrí más adelante que sus miembros no pensaron mal de él y que de hecho, lo sintieron como la presencia de Dios en ese momento, de la misma forma como espero haberlo sido yo.

Mi propia debilidad ante la muerte pareció ser un problema para mí en ese momento. Claro está que sentirse débil nunca es agradable. Sin embargo, en este caso, encargarse de, y hacer algo como para intentar borrar o cubrir el dolor de esta muerte me pareció peor. Encargarse de, significa sucumbir ante la tentación de adoptar la teología de la gloria, mientras que el deseo de sentirse débil ante el sufrimiento deber ser llamado fidelidad. Es entonces, después de todo, que por la lealtad al Cristo que sufrió en la cruz somos llamados a ser pastores. La gloria tendrá que esperar la Segunda Venida.

EL ASPECTO SICOLÓGICO DEL PASTOR

Mi historia de los dos pastores no sólo ilustra las diferencias en el cuidado pastoral de los miembros y la diferencia entre la teología de la cruz y la teología de la gloria, sino también las diferencias en el aspecto sicológico de los pastores. Los pastores deben estar convencidos de que son motivados tanto por el Espíritu Santo (y como cristianos lo son) como por una mezcla compleja de factores sicológicos. Sin necesidad de sentirse saturados por un enfoque narcisista de la vida, como lo está nuestra cultura, es legítimo y útil para los pastores entenderse a sí mismos sicológicamente. Reconocer nuestra parte sicológica puede ayudarnos a entender las dificultades de nuestra congregación como nuestra propia dificultad al escoger la teología de la cruz en lugar de la teología de la gloria. La sicología del siglo 20 nos ha vuelto sensibles a los sentimientos y funcionamientos internos de nuestra mente, un punto de inicio necesario para lo que las culturas del pasado han llamado "sabiduría". La sicología también puede hacernos conscientes de los obstáculos que complican las relaciones con las personas, una característica en nosotros que nos distancia el uno del otro y que pone en peligro la sana intimidad. Los pastores necesitan entender su propio aspecto sicológico (lo más que puedan) para practicar la intimidad adecuada con la gente que está sufriendo.

Aunque la sicología nos ayude a entender nuestros sentimientos y el funcionamiento interno de la mente, siempre debemos ubicarla dentro del contexto de un mundo caído. Existe una diferencia, por ejemplo, entre el propósito de la introspección cristiana y el de la introspección narcisista.

Los cristianos se analizan internamente con el propósito de arrepentirse de lo que puedan encontrar; mientras que la sicología popular nos invita a vernos internamente sólo para aceptar lo que se encuentra dentro de nosotros. Tal aceptación auténtica es más valorada por nuestra cultura que la confesión de pecados auténticos. No obstante, antes de enfrentarse con la mejor o peor sicología, los pastores deben aprender a examinar su propia parte sicológica, y al mismo tiempo, rechazar la trivialidad del logro por esfuerzo propio, por la satisfacción de servir a otros. El ministrar mejor a otros obliga al pastor a prestar atención a su propio aspecto sicológico.

Esta historia de los dos pastores también demuestra lo que el siquiatra cristiano Paul Tournier llamó la respuesta "fuerte y débil" ante una crisis. Tournier no le da un valor moral al "fuerte o débil", como que si fuerte fuese mejor que débil; sino que simplemente quiere que entendamos que cada uno de nosotros está motivado tanto sicológicamente como espiritualmente. Por ejemplo, si tu llamado fue ser pastor, posiblemente cada uno de nosotros como pastores hemos intentado justificar nuestro cuidado pastoral hacia esta familia en base a la necesidad de la familia por una presencia compasiva o a una demostración de autoridad pastoral.

Sin embargo, sospecho que ninguno de nosotros estuvo consciente de nuestros propios funcionamientos psicológicos en el momento en el que fuimos llamados a ayudar a esa familia desolada. Mi respuesta fue lo que llamaría Tournier la forma "débil", mientras que la del otro pastor fue la "fuerte". Para Tournier "débil" significa inhibición, incluyendo la posibilidad de "depresión, tristeza, aislamiento y silencio".[2] El otro pastor respondió con una reacción "fuerte", que según Tournier significa excitación, "algunas veces alegría y condescendencia, arrebato y agresividad y hasta desenvolvimiento".[3] Tournier añade que "las reacciones fuertes generan conflictos indirectos, siempre y cuando haya resistencia",[4] lo que puede

---

2   Paul Tournier, *The Strong and The Weak* (Philadelphia: The Westminster Press), 97.
3   Ibíd., 97.
4   Ibíd., 131.

explicar por qué yo estaba molesto con el cuidado pastoral de este pastor y la familia no.

Para entonces, me sentí incómodo con mi "débil" expresión de cuidado pastoral hacia esta familia. Aunque hay muchas veces en las que me siento capacitado para el cuidado pastoral, aún hay momentos en los que me siento débil ante la enfermedad y la muerte. Sin embargo, ya no me siento tan incómodo con mi debilidad como antes. Descubrí que la teología de la cruz me ha ayudado a enfocarla mejor. Es de humanos querer evadir el sentimiento de debilidad y de estar fuera de control, aunque siempre hay momentos de humillación en los cuales tales sentimientos son apropiados. Ellos nos recuerdan que, aunque seamos débiles, Dios no lo es.

Recuerdo que una enfermera del hospital me llamó a media noche porque desconectaría el marcapasos de un paciente por petición de la familia. Pidieron un capellán para que estuviese presente. Mientras me dirigía al hospital, me sentía tan molesto por lo que harían con el paciente y pensaba en lo que le diría a esta familia para que pensara mejor su decisión. Me sentí completamente impotente. Estaba entrando a la Unidad de Cuidados Intensivos y aún no sabía qué les diría. Al acercarme y saludar a la familia, me enteré de que no habían esperado por mí y que la enfermera ya había apagado el marcapasos para que el corazón del paciente comenzara a trabajar por su cuenta. La familia me miró como diciéndome: "¿Y ahora qué hacemos?, no se murió", y sin pensar dije: "Posiblemente el Señor sólo nos esté recordando quién tiene el control." La familia asintió y al final terminamos hablando sobre el cuidado de Dios por el paciente. Ante mi debilidad, Dios se hizo cargo de la situación dejándome intervenir en el momento oportuno. ¡Éste es el poder de Dios en medio de la debilidad!

Otras necesidades sicológicas también motivan a los pastores más de lo que se puedan imaginar. La necesidad de ser amados y al menos queridos motiva a muchos de nosotros tanto como el deseo de amar a otros. Cuando no nos sentimos amados o queridos por alguien, nuestra reacción puede ser aislarnos, rechazar a la persona o aferrarnos agresivamente a nuestro punto de vista o forma de actuar. La agresividad es generalmente motivada por molestias acumuladas o por una ira profunda, y puede ser posible que el pastor no logre ver esto en sí mismo y crea que sus intenciones espirituales son las causantes de sus acciones precipitadas. Cuando el miembro responde negativamente a la agresividad del pastor, éste puede sentirse confundido, despreciado y no amado, por lo que reaccione sintiéndose herido y termine diciendo que "sólo quería lo mejor" para la persona. Sentirse herido es una de las tantas respuestas aprendidas que desarrollamos desde niños como una forma de enfrentar la desaprobación de otros. Puede ser una forma de ganar la simpatía de los demás y de protegernos de aquellos que sentimos que están molestos. Creemos que nadie golpeará a un hombre cuando está en el piso. Cuando nos sentimos heridos, asumimos erróneamente que no se nos ha entendido y que no tenemos que admitir que nuestras propias acciones o actitudes han contribuido a que el miembro se enoje con nosotros. Así que si la familia se molestó con el segundo pastor por su repentina entrada y salida, el pastor pudo haber "elegido" (inconscientemente) sentirse herido y apartarse de la familia hasta que aprendiera a apreciarlo más. O, simplemente, el pastor puede escribir una carta a la familia expresándole su molestia y diciendo que su intención fue la mejor cuando "entró repentinamente". Para los pastores a veces es difícil admitir que sus motivos no son tan nobles espiritualmente como pensaban.

Otro ejemplo de influencia psicológica se centra en una de las quejas más comunes de los pastores: el sentimiento de estar atrapado en el ministerio. Puede ser que el pastor no tenga la oportunidad de dejar su iglesia actual y encontrar otra o que se sienta atrapado por la rutina o por la resistencia al cambio de sus miembros. Se espera que el conocimiento del pastor de su propio aspecto sicológico se amplíe a medida que pasan los años y experimente más éxitos y fracasos con las personas. Por ejemplo, el pastor que está aburrido con su ministerio se siente atrapado, piensa que necesita un cambio cuando posiblemente no está para nada aburrido. Lo que él llama aburrimiento (inquietud) puede ser ansiedad por algún conflicto sutil o evidente en su congregación o familia. Si un pastor se siente aburrido en su ministerio y si entiende el aburrimiento como no tener mucho que hacer para mantenerlo ocupado, posiblemente ha perdido su creatividad, está deprimido, inseguro o ansioso sobre cómo manejar sus frustraciones. En lugar de escapar y llevar consigo lo mismo a otra congregación, es importante que aprenda a reconocer su patrón de enfrentar sus ansiedades y arregle esa situación antes de seguir adelante.

No hay ningún pecado en que el pastor se sienta frustrado, molesto o ansioso. Sin embargo, cuando le da un nombre diferente del que es a sus sentimientos, esto lo puede llevar a cometer pecado. "La teología de la cruz llama las cosas por su nombre."[5] Claro que algunos pastores se muestran agresivos, no porque están molestos, sino simplemente porque son ineptos o inexpertos en el cuidado pastoral. Así como el apóstol Pablo, ellos también pueden aprender que "el poder de Dios se hace perfecto en medio de la debilidad". El aspecto redentor del ministerio pastoral es que Dios puede trabajar aún en medio de nuestra ineptitud o ira. Esto también es la teología de la cruz.

Moldeando el cuidado pastoral

El pastor necesita prestar atención a sus necesidades sicológicas tanto por su propia integridad como para que también sirva de modelo para su congregación. La tarea de moldear el cuidado pastoral de acuerdo a la congregación es parte del desafío del ministerio pastoral. Hacerlo, constituye una forma de enseñar a su congregación a cómo cuidar a otros. Sin embargo, hay que recordar que tal forma de moldear el cuidado pastoral es humanamente imperfecto; no obstante, la vida del pastor se caracteriza por la gracia y la fidelidad. Lo primero que el pastor debe aprender al tener la tarea de llevar la cruz, es saber llevarla en medio de las debilidades y no sentir que debe tener el control de la situación.

La tarea de moldear el cuidado pastoral comienza en el hogar. La atención que un pastor le da a las necesidades espirituales, emocionales y sicológicas de su familia es crucial. "Debe gobernar bien su casa y hacer que sus hijos le obedezcan con el debido respeto; porque el que no sabe gobernar a su propia familia, ¿cómo podrá cuidar de la iglesia de Dios?"[6] Las familias pastorales de hoy en día se están desintegrando casi tan rápido como otras familias. Una encuesta realizada recientemente reflejó que las esposas de los pastores creen que su mayor necesidad es de tener a una amiga con la que puedan compartir libremente sus frustraciones como esposas de pastores. El ministerio del pastor se inicia en el hogar, en donde aprende a escuchar las necesidades de su esposa, a entender los problemas de sus

---

5 *LW*, 31, 53.
6 1 Timoteo 3:4-5.

adolescentes y en donde confiesa sus propios pecados y recibe el perdón de su familia en el nombre de Dios.

Poco tiempo después de que Sue y yo nos casamos, luego de nuestra primera discusión, admití mi error y ella el suyo. No me costó confesar mi pecado, sino escuchar a mi esposa decir "te perdono". Su absolución confirmó mi confesión. Hasta entonces, fácilmente había podido decir "lo siento" sin pensar que estaba confesando mi pecado.

En todos estos años nos hemos perdonado el uno al otro en muchas ocasiones y esto siempre le ha dado un fresco comienzo a nuestra relación. Nuestros hijos también aprendieron que sentimos un alivio cuando admitimos nuestros errores, recibimos perdón y seguimos con nuestras vidas tratándonos mejor. Para nosotros, comenzar nuevamente con nuestra confesión y absolución significó volver a los problemas y aprender a escucharnos para encontrar la mejor solución a los mismos.

Siempre es "nuestro" problema y no "tu" problema. Si alguna persona, ya sea en el matrimonio o en la familia, piensa que hay un problema, entonces debe haber un problema, aún cuando no sea considerado así por el otro. Aprender esto en casa puede ayudar a los pastores a darse cuenta de las necesidades y preocupaciones de otros para el bienestar de todo el cuerpo de Cristo, la iglesia. Claro está, algunas cosas no merecen la misma atención que otras, ya sea en casa o en la iglesia. En todo caso, es vital que la atención del pastor hacia su propia familia sea el punto de inicio de su ministerio.

Es importante que el pastor establezca sus prioridades: primero su esposa, después los hijos y luego la congregación. Cuando emergencias u otras circunstancias cambian el orden de estas prioridades, es importante retomarlas lo más pronto posible. A excepción de aquellos miembros que tienen conflictos sin resolver en sus propias familias, la mayoría de los miembros apreciarán este modelo porque también los anima a establecer las mismas prioridades (que han olvidado aún cuando saben que el orden es el correcto). Jesús pasó un tiempo importante con sus discípulos preparándolos para que testificaran a Cristo en su ausencia. La familia del pastor se convierte en el círculo íntimo que le proporciona esa intimidad necesaria para llevar a cabo su ministerio a otros de la forma apropiada.

En resumen, el pastor debe cumplir varias tareas al aprender a llevar la cruz. Primero, debe aprender a aceptar sus propias limitaciones y debilidades antes de apoyar a otros a cargar sus cruces. Esto comienza con la teología de la cruz, las buenas nuevas de que Dios actúa en las debilidades. Cuando el pastor carga su cruz admitiendo sus debilidades y pecados y confiando en Dios, otros aprenderán a hacer lo mismo.

Segundo, al cargar la cruz, el pastor debe prestar atención a su crecimiento en la fe y a su crecimiento sicológico. A medida que se hace más consciente de sus virtudes y debilidades y piensa mejor sobre sus propios motivos, se dará cuenta mejor que antes que Dios actúa en él por gracia. ¡Qué alivio sentimos al aprender esto! Dios no lo llama a ser exitoso en lo que hace sino a serle fiel a pesar de los resultados. Gran parte del cuidado pastoral es una cuestión de esperar sorpresas del obrar del Espíritu Santo. Esto también es la teología de la cruz.

3

El sufrimiento, la enfermedad, y la cruz

¡Es como si!

Es como si nunca hubiese estado triste
  o adolorido o sin esperanza o sin gozo.
Es como si el mundo ha sido bueno
  y el enemigo está enjaulado.
Es como si la muerte nunca llegó
  y la enfermedad y el tiempo carecen de
  toda su sustancia.
Es como si el temor y la ira
  y la soledad y la torpeza nunca existieron.
Es como si la vida sigue y sigue
  esperando al que viene,
    el que fue, es, y ha de venir.

EL SUFRIMIENTO ES INEVITABLE

En nuestra cultura se cree que si los investigadores tuviesen suficiente dinero, se podría encontrar una cura para cada enfermedad. La esperanza de tal cura la ponemos en las manos de los científicos, médicos y pioneros de la nueva teología. Pero los cristianos también sabemos que vivimos en un mundo caído e imperfecto. Sabemos que siempre habrá sufrimiento debido a las enfermedades físicas y mentales. Aunque queremos creer en la posibilidad de una cura para cada enfermedad, también aceptamos la realidad de que éste es un mundo pecaminoso. Ninguno de nosotros saldrá vivo de él porque "la paga del pecado es la muerte".

Siempre habrá dolor y sufrimiento en el mundo. Ahora, con el propósito de entender el cuidado pastoral, haremos una distinción entre dolor y sufrimiento. Aunque la mayoría de las enfermedades causan algún dolor, no siempre el que tiene dolor necesariamente sufre. El dolor puede ser definido como mayor o menor un grado de molestia física. Por ejemplo, generalmente el dolor conlleva a una operación y el medicamento recetado es para aliviar el dolor. El sufrimiento, por otro lado, puede ser definido como la ansiedad, miedo, preocupación o impotencia existenciales que pueden o no acompañar al dolor. El sufrimiento es una reacción al dolor.

Hace ya un par de años visité a Jack en el hospital. Se había roto una pierna debido a una caída en su trabajo. Fue operado y tuvo que ser sometido a una larga sesión de fisioterapia. Al poco tiempo de iniciar su terapia, se pudo comprobar que Jack no quería superar su dolor y de hecho, necesitaba de él como excusa para evitar la terapia. La fisioterapia le permitiría volver a su trabajo, el cual odiaba. En realidad, Jack deseaba estar inhabilitado permanentemente para así poder librarse de su trabajo. No fue el dolor de Jack sino la posibilidad de perder su dolor lo que le causó sufrimiento. El cuidado pastoral se encargó del sufrimiento de Jack, y no de su dolor, ayudándole a enfrentar su ansiedad. Jack encontró fortaleza espiritual para esforzarse por recuperarse y regresar a su trabajo. Prestar cuidado al sufrimiento es donde debe comenzar el cuidado pastoral.

Es irónico que en este tiempo cuando se puede controlar el dolor mejor que antes, pareciera que hay menor habilidad para tratar el sufrimiento que queda. Los pacientes que he visitado recientemente, parecen estar menos equipados para enfrentar el sufrimiento que hace 20 años atrás. El interés médico en el dolor clínico es una respuesta al entendimiento de que el dolor físico no siempre es la causa del sufrimiento. Obviamente, la oportunidad de prestar cuidado pastoral a aquellos que están sufriendo es mucho mejor que antes y para los pastores puede ser un importante aspecto del cuidado pastoral.

El cuidado pastoral se preocupa por la interpretación del sufrimiento, un proceso en el cual se ayuda a la persona a ver a Dios. Tal perspectiva santa revela que Dios está involucrado en el sufrimiento para ahondar en la fe y dar esperanza. Si un pastor trata de aliviar la ansiedad del miembro sin ayudarle a que vea su dolor, podría estar negándole la oportunidad de crecimiento espiritual. Sólo el hecho de intentar eliminar el sufrimiento puede hacerlo sucumbir ante la teología de la gloria. La teología de la cruz ayuda al miembro a luchar con su relación con Dios en el sufrimiento. Es muy significativo el hecho de que Dios decida llegar a nosotros en la persona de su Hijo, Jesucristo, mediante su sufrimiento en la cruz.

En el Jardín de Getsemaní, Jesús comienza su jornada a la cruz y nos muestra cómo cargar nuestra cruz en medio del sufrimiento. Jesús rechaza la ruta escapatoria que tenía por ser Dios, lo que pudo haber impedido su sufrimiento. Luchó, como todos nosotros, con el peso del pecado (sin ser suyo) y con la pena que produce. Lo que vemos de Jesús en el Getsemaní es muy importante no sólo para nuestra redención sino también para que aprendamos a sufrir fielmente. Aquí, los síntomas sicológicos de Jesús expresan realidades espirituales; las agonías físicas son producto de su "aflicción". Podemos comenzar a entender esta aflicción de Jesús como el resultado de su anticipación a la muerte como la paga del pecado. Se enferma físicamente, suda gotas de sangre, las cuales son señales de ansiedad y depresión. Si nos extendiésemos en el aspecto sicológico y fisiológico de este evento, le quitaríamos la importancia a la cruz; sin embargo, el asunto aquí es simplemente captar la importancia de la conexión entre lo físico y lo espiritual, entre el pecado y el sufrimiento. Cuando Jesús se rinde a Dios, el Padre, y así al sufrimiento, Dios envía a sus ángeles a consolarlo. El Padre no elimina el sufrimiento de Jesús. La cruz sigue allí, pero Jesús es capaz de enfrentar fielmente el sufrimiento por nosotros. En esta experiencia de aflicción física y espiritual en Getsemaní y el proceso de confiar su sufrimiento al Padre, empezamos a ver lo que significa vivir con el sufrimiento.

La gente ha pasado por sufrimientos en diferentes momentos de su vida. Hasta los tiempos modernos, la pregunta hecha por los cristianos no había sido "¿por qué sufro?" sino "¿cuál debe ser mi respuesta a Dios en medio del sufrimiento?" La civilización occidental en el siglo 18 dio inicio al auge de la ciencia, marcando la distinción entre lo físico y lo espiritual. Por primera vez en la historia los eruditos creyeron que sólo el mundo material era real y que el espiritual era pura superstición. Seguidamente, la atención se centró en la necesidad única del cuerpo y el alma. Los médicos se encargan del dolor pero descuidan el hecho de ayudar a la gente a enfrentar su sufrimiento. El cuidado del paciente que sufre estaba dividido por un abismo mucho más grande entre la medicina y la religión.

Mientras que la iglesia de la Edad Media dirigió su cultura, dando significado y apoyo espiritual al que sufre en la enfermedad, la iglesia actual por lo general sigue nuestra cultura, la cual se basa en un modelo físico y sicológico en lugar de espiritual.

Si la iglesia, por medio de sus pastores, está para enseñarle al mundo la conexión entre el pecado y el sufrimiento, también debe comenzar a conectar el pecado con la gracia de Dios mostrada en la cruz. Pablo presenta claramente estas conexiones en su intento de cuidado pastoral hacia los cristianos de Corinto, al decir que los cristianos no pueden esperar celebrar la Cena del Señor como si sólo fuera una experiencia física de comer y no también una espiritual. Como los cristianos erróneamente consideraban sólo los aspectos físicos, Pablo dijo: "Por eso hay entre ustedes muchos débiles y enfermos, e incluso varios han muerto". "Si nos examináramos…", escribe Pablo,[1] para que una persona esté consciente de la realidad de lo que está ocurriendo en la Cena del Señor y de lo que significa su participación. Algo más que comer pan y beber vino está ocurriendo; lo físico y espiritual se han mezclado.

Este sano entendimiento de la unión de lo físico y lo espiritual es el mensaje que el mundo necesita escuchar ya que está fragmentado y sufriendo sin ninguna razón y sin una comunidad en la cual descubrir esa razón. La práctica del cuidado pastoral de la iglesia habla sobre la conexión entre la enfermedad y el pecado como "causa y efecto" (en sentido general en el que toda enfermedad es parte de la vida en un mundo caído), dando así un paso importante en la unión de lo físico y lo espiritual. Es muy poco probable que una enfermedad sea la causa de un pecado en particular en la vida de una persona, y si llegase a ser así, se le aconseja al pastor consejero que ayude a que la persona descubra por sí misma su pecado y no que el

---

[1] 1 Corintios 11:27-30.

pastor se lo diga. La historia de Job nos previene a que demos por sentado que un pecado es la causa del sufrimiento de una persona en este mundo caído.

LA TEODICEA Y LA TEOLOGÍA DE LA CRUZ

La teodicea es un intento de justificar la forma en que Dios actúa en un mundo que sufre. Harold Kushner popularizó la teodicea en nuestro tiempo en su reconocido libro *Why Bad Things Happen to Good People*[2] (*Por qué les ocurren cosas malas a la gente buena*). Sugiere que sólo hay dos opciones: Dios no puede prevenir el sufrimiento, en este caso no podemos ser duros con Dios ya que está haciendo lo mejor que puede; o Dios es cruel y se goza al hacernos sufrir. Kushner, en su intento por defender a Dios, por supuesto favorece la primera opción y saca a Dios de apuros al decir que es menos que todopoderoso. De algún modo, esta idea intenta consolar a la gente que sufre.

La teodicea intenta justificar la forma en la que Dios se manifiesta a la persona que sufre, pero lo que una persona realmente necesita para enfrentar de la mejor manera el sufrimiento es justificarse ante Dios. Stanley Hauerwas de la Universidad Duke enfoca el cuidado pastoral en el sufrimiento de la persona y no en los intentos por justificar la forma de actuar de Dios. Hauerwas dice: "No estamos... interesados en los aspectos teóricos del sufrimiento y el mal; más bien, en que somos quebrantados por lo que les está ocurriendo a personas reales, a aquellas que conocemos y amamos."[3]

Los intentos cristianos en cuanto a la teodicea son triviales. Por ejemplo, decirle a una persona que sufre: "Dios solamente te está probando para ver si permaneces fiel", trata de justificar las formas de actuar de Dios o al menos de explicarlas. Esta interpretación generalmente es precedida por la promesa de recompensa si pasamos la prueba. Muchas otras veces también se dice: "Dios te está castigando por lo que hiciste." Esta interpretación, aunque casi siempre ha sido rechazada superficialmente, es la que golpea

---

2   Harold S. Kushner, *When Bad Things Happen to Good People* (New York, Avon Books, 1981).
3   Stanley Hauerwas, *Naming The Silences* (Grand Rapids: William B. Eerdmans Publishing Co., 1990), 2.

con más fuerza a los que sufren porque saben que pudieron haber tenido una mejor vida, y que ahora están bajo el juicio de Dios. Algunas veces la teodicea cristiana explica el sufrimiento diciendo que Dios está tratando de "enseñarnos algo" o nos está "disciplinando".

Mucho más engañosa es esta interpretación: "Dios tiene un plan para ti y el sufrimiento es parte de él." Cualquiera puede cuestionar una perspectiva fatalista que ve el plan de Dios como un proyecto estático, que no tiene idea de la interacción diaria de Dios con el hombre. Sería mejor hablar del plan de Dios para un individuo como que está en proceso, que está obrando en la mente de Dios diariamente, mientras nos escucha y considera las respuestas de nuestras vidas y acciones. Al final, el único plan de Dios del que podemos estar seguros es el de nuestra salvación.

Pero ninguno de estos esfuerzos de la teodicea ha proporcionado cuidado pastoral a la gente que sufre. El pastor se atreve a decir que sabe lo que Dios piensa para cualquier persona. De hecho, la interpretación del sufrimiento es mejor hecha por el que sufre que por otra persona y es más retrospectiva que prospectiva. Cuando se sufre es difícil decir cuál es el propósito del sufrimiento. Posiblemente, Dios nos hace sentir fuera de control en esos momentos para que nos enfoquemos en nuestra fe y no a tratar de explicar nuestro sufrimiento y nos pide que veamos este sufrimiento como la teología de la cruz en acción. El objetivo del cuidado pastoral es apoyar al miembro que sufre, cuando ésos son los momentos en los que lucha con Dios en la crisis de la fe, la cual puede resultar en la intensificación de esa fe. Desde el punto de vista pastoral, la teología de la cruz se dirige al que sufre en una forma que no puede hacerlo la teodicea. Algunas veces, el que sufre nos hablará de ella. Vera era una mujer de casi setenta años, y su hija me pidió que la visitara en el hospital. El día anterior, Vera había sido operada de un tumor en el cerebro. Cuando entré a la habitación, Vera estaba acostada en su cama en posición fetal, con la cabeza vendada, aparentemente dormida. Me paré a un lado de la cama y observé la situación. Me sorprendí cuando de repente abrió los ojos. Me reconoció por el cuello clerical y me presenté como el capellán del hospital. Intentó responderme con un movimiento suave de sus labios y como no pude escucharla, tuve que acercarme. Aún no podía escucharla así que retiré la silla y me acerqué mucho más. Con una voz muy débil me dijo: "¡Dios ha sido muy bueno conmigo!" Aunque escuché las palabras que dijo, no estaba muy seguro de que había escuchado bien. Esta mujer enferma, incapaz de hablar lo suficientemente alto para pedir agua a las enfermeras, incapaz de pensar en un futuro en su vida terrenal, estaba haciendo una confesión de fe al decirme que en medio de toda esta situación Dios estaba siendo bueno con ella. Me sorprendí. Esas palabras eran las que yo debí haberle dicho, pero ella me enseñó nuevamente la teología de la cruz: Dios se hace conocer en medio de, y en el misterio del sufrimiento.

EL MISTERIO DEL SUFRIMIENTO

La cruz, al igual que el sufrimiento, es un misterio. Por qué Dios decide hacerse conocer en medio del sufrimiento, sólo él lo sabe. Posiblemente, si se permite especular, es porque en esos momentos es cuando más lo necesitamos. O quizás es allí donde menos esperamos encontrarlo; pero aún así Dios viene a nosotros por gracia. Dios no puede ser acorralado por nuestra lógica o teología. Dios es Dios y, como dice Bonhoeffer, al aprender a amar a Dios por lo que es y no por lo que podamos sacar de él o hacer con él, es cuando se vive correctamente la vida cristiana.[4]

Por mucho tiempo la gente ha intentado aclarar el misterio de la enfermedad. Hace unos años atrás, el movimiento *Holistic Health* (*Sanidad completa*) proporcionó una perspectiva interesante de un aspecto del misterio de la enfermedad:

> Generalmente cuando las personas están tristes, o no encuentran mucho significado a la vida, o dañan una relación, o van muy rápido, o han perdido algo importante, ya no se sienten bien y se enferman. Entonces, van al médico, que los trata y los arregla y los levanta nuevamente. Y luego, como no han aprendido por qué se enfermaron, algunas personas van a casa y se entristecen nuevamente, y dañan una relación y aún no encuentran significado a la vida, y van muy rápido otra vez y vuelven a perder algo importante, no se sienten bien y se vuelven a enfermar. Es una pérdida y es doloroso, pero algunas veces las personas viven de esta forma: se levantan y vuelven a caer. Esto es hasta que llega un momento en

---

[4] Dietrich Bonhoeffer, *Meditating On The Word* (New York: Ballantine Book, 1986), 86.

el que se enferman y no se pueden levantar más. Necesitamos de los médicos para que al tratar las enfermedades de las personas, los ayuden a levantarse. También necesitamos el cuidado pastoral para mantener a las personas de pie al ayudarlos a enfrentar sus tristezas, el sin sentido de la vida, el ir muy rápido, la pena de una pérdida y relaciones dañadas en sus vida.[5]

Para descubrir el significado en la enfermedad, el miembro necesita explorar tanto su relación con Dios como con las personas con las que vive. Sin embargo, generalmente la primera preocupación de una persona en la enfermedad no es por Dios ni por los demás sino por ella misma. Tal respuesta inicial no impedirá el descubrimiento del significado en la enfermedad si posteriormente el enfermo vuelve su enfoque a Dios y a los demás, porque Dios se manifiesta a través de otros (principalmente a través de Jesucristo). Si hay alguna ruptura en su relación con Dios, esa ruptura se reflejará en su relación con otros destruyendo la intimidad necesaria. Por ejemplo, si hay una ruptura en la relación de pareja, ella se reflejará en la relación con Dios. El cuidado pastoral puede proporcionar el ambiente de apoyo necesario para el compromiso con Dios y con la gente, lo que permitirá sanidad, reconciliación y crecimiento espiritual. Sobre todo, el cuidado pastoral anima al enfermo o sufrido a comprometerse con Dios en la lucha de vida o muerte, un inevitable combate mano a mano con Dios contra "la tristeza, el sin sentido de la vida, ir muy rápido, la pena por una pérdida y las relaciones dañadas". Mucho más, el cuidado pastoral anima a que el miembro pierda su lucha (Lucas 17:33) a fin de que Cristo pueda levantarlo a una nueva vida.

LOS HOSPITALES COMO ZONA DE COMBATE DEL CUIDADO PASTORAL

Cuando llegué como capellán al lugar donde actualmente estoy, un pastor de la comunidad aclaró que no tenía intención de visitar a sus miembros enfermos, decisión que yo no podía hacer cambiar. El caso no era que desconocía la importancia de las visitas sino que le tenía terror a los

---

5 The Wholistic Health Center, un panfleto producido por Wholistic Health Centers, Inc., 137 South Garfield Street, Hindsdale, Illinois 60521.

hospitales. Puede asumirse que ocasionalmente tanto los miembros como los pastores evitarán los hospitales y las hospitalizaciones por diversas razones. Cuando estudiaba en el seminario me hospitalizaron, uno de mis compañeros de cuarto me visitó, supuestamente, para darme apoyo, ¡pero se desmayó durante su visita! Posiblemente, algunos pastores le tienen miedo a los hospitales por alguna experiencia que vivieron en su niñez. Recuerdo una vez que aconsejé a un hombre que me contó que cuando tenía 7 años sus padres lo engañaron; le dijeron que lo llevarían a una fiesta de cumpleaños cuando en realidad lo estaban llevando al hospital para que le removieran las amígdalas. Esta persona recuerda que se arrastraba, gritaba y pateaba mientras estaba debajo de la cama del hospital, lugar en donde encontró refugio.

Los hospitales pueden ser lugares aterradores. Demandan que se suspenda la seguridad, modestia e independencia personal. Para muchos, los hospitales están asociados con la muerte, aun cuando en nuestro hospital, por ejemplo, de unos 400 pacientes menos de un uno por ciento muere en un día dado.

La hospitalización también requiere la dependencia del paciente, un concepto no muy común en nuestra cultura. Para algunos, la experiencia de dependencia voluntaria en la niñez o su observación en el matrimonio de los padres ha creado connotaciones de opresión y abuso. En el pasado, en los hospitales pudo haber existido la independencia involuntaria innecesaria y los pacientes pudieron haber sido tratados con algo de condescendencia y/o paternalismo tanto por los médicos como por las enfermeras. Sea necesario o no, el temor al desamparo, a la pérdida de control, es la razón principal por la que las personas no les gusta los hospitales. No pueden apoyar más el mito de que tienen sus vidas bajo control y de que nunca morirán.

La gente en nuestra cultura está perdiendo no sólo la habilidad para vivir con el sufrimiento sino también la habilidad de morir complacientemente frente a lo que muchos llaman los insultos del tratamiento y el cuidado médico. Una vez más, el problema no es el llamado insulto de la tecnología a la que estamos atados por la enfermedad sino el estado de desamparo y pérdida de control que está relacionado con la enfermedad. La enfermedad nos recuerda la naturaleza frágil de lo que llamamos nuestra autonomía. Los hospitales y los geriátricos son lugares en donde la autonomía es desmantelada y en donde, a través de la teología de la cruz se pone en práctica la dependencia de Dios. Es la naturaleza pecaminosa del ser humano la que se resiste a la cruz y se apega a una vida en la que la enfermedad desaparece, el sufrimiento nunca tendrá que ser enfrentado y en la que el mito del poder y la inmortalidad continúe sin ser perturbado. No obstante, es en la dependencia involuntaria de la enfermedad y la hospitalización en la que la gente muchas veces es, según C. S. Lewis, "… arrastrada al Reino de Dios pateando y gritando".[6] Parafraseemos una metáfora: Es más fácil que un cirujano pase por el ojo de su aguja a que un hombre enfermo acepte la teología de la cruz.

---

6   C. S. Lewis, *Surprised by Joy: The Shape of My Early Life* (New York: Harcourt, Brace and Company, 1968), 229.

4

La fe, la sanidad, y la cruz

Fe

La fe es ser capaz de dudar
   y de creer.
La fe es estar confundido y herido
   así como consolado...
Estar sujetos a Dios
   es estar unidos a él
     ¡aun cuando nuestro mundo parece
     estar destruyéndose!

LA CONEXIÓN ENTRE LA FE Y LA SANIDAD

En una cultura que valora el entendimiento científico de la enfermedad y su tratamiento, la conexión entre los aspectos físicos y espirituales de la enfermedad es de alguna forma un misterio indeseado. No obstante, la conexión existe y descansa en el corazón del cuidado pastoral del enfermo y el moribundo.

El caso de Mildred es una muestra de esto. Visité a Mildred, una paciente con cáncer que desde hace unos meses se encontraba en la unidad de cuidados intensivos. Mildred estaba acompañada por su hermana, estaba desahuciada y lo sabía. Debido a su creciente depresión, la enfermera me pidió que la visitara y la consolara. Después de unos días, Mildred y yo no hicimos buenos amigos y me contó su historia. Hasta los 12 años había asistido a una iglesia bautista; luego se mudó a otro estado con sus padres y no asistió a ninguna iglesia con la misma regularidad que antes. Mildred seguía pensando en Dios, orando, y leyendo la Biblia. Visitó varias iglesias pero nunca se unió a una de ellas. Ahora, a los setenta años, está muriendo y lamenta no haber sido bautizada. Me dijo que siempre había soñado con ser bautizada en el río Jordán como Jesús. Y ahora que sabe que es un sueño imposible se siente más que nunca sola y desconectada de Dios y de la comunidad de la fe, la iglesia.

Después de haber instruido a Mildred en la fe cristiana y en el significado del Bautismo, le pregunté si quería ser bautizada en el hospital antes de morir. Aceptó ansiosamente. Se hicieron todos los arreglos con el departamento de fisioterapia para bautizar por inmersión a Mildred en la piscina que era lo que más se asemejaba al río Jordán. En el día fijado, su hermana, algunas enfermeras y terapeutas se reunieron alrededor de la piscina para ver el bautizo de Mildred.

Lo que sigue a continuación ilustra la misteriosa relación entre la fe y la sanidad que la medicina no puede explicar. Después del bautismo, la fe de Mildred emergió y su depresión desapareció. Después de tres semanas, su condición física mejoró dramáticamente. Le dieron de alta del hospital y el cáncer había sido controlado. Mildred regresó a su antiguo trabajo como encargada de un hotel en el centro de la ciudad.

Aproximadamente después de un año, el cáncer reapareció y Mildred fue hospitalizada nuevamente y se le diagnosticó poco tiempo de vida. Pero Mildred no era la misma persona que había conocido hace un año. Me aseguró que había sido un buen año. "Desde el momento en que fui bautizada, no me volví a sentir sola. Dios ha estado conmigo, y soy parte del pueblo de Dios en la tierra y muy pronto en el cielo." Pocos días después, Mildred murió en paz. ¡Su fe la hizo sentirse completa!

La fe no es desconocida en el cuidado médico de los pacientes. Un médico cuyos pacientes visité, escribió una vez en la planilla: "Paciente curado por el capellán." No hay duda de que al escribir ese comentario este médico lo hizo más por diversión que por su honesto asombro del efecto del cuidado pastoral. También refleja la incomodidad benigna de la medicina de darle un lugar a la fe en el tratamiento de las enfermedades. Frecuentemente, el clero me dice que los médicos no los toman en serio. Sin embargo, la presencia del pastor en la cabecera del paciente despierta una justa incomodidad en los médicos que no debería ser descartada. Los pastores deberían valorar esa incomodidad y utilizarla en forma constructiva.

La fe contra la medicina

Las personas dentro del área de la medicina se oponen a la forma en la que algunos religiosos ponen la fe contra la medicina. Por ejemplo, un clérigo optimista con el que participé en un panel le dijo a la audiencia de estudiantes de enfermería que él había sufrido muchas enfermedades físicas en los primeros años de su vida pero que después de encontrar a Jesús no necesitó más de los médicos ni de las medicinas. "Tengo a Jesús" dijo y "lancé a la basura todas mi medicinas". Frente al escepticismo estudiantil, no admitió que la medicina puede ser útil para una persona que no ha conocido a Jesús. Presumo que lo que él esperaba era que estos estudiantes ayudasen a los pacientes a eliminar la medicina una vez que son convertidos al cristianismo.

La relación entre lo físico y lo espiritual, la fe y la sanidad, no es clara para nosotros como sociedad ni hasta para muchos dentro de la iglesia. Cualquiera que visite a los hospitalizados o que se ofrezca a orar con los pacientes, no hay duda de que tarde o temprano responderán: "Bueno, creo que no causará ningún daño." Este menosprecio de la relación entre la fe y la sanidad es tan frecuente entre los habitantes en general así como entre los médicos. Al vivir en esta cultura escéptica, muchos en la iglesia hablan de dos diferentes formas de acercamiento a la sanidad, uno por medio de la fe y el otro por la medicina, fallando así al momento de apreciar la integración de la fe y la sanidad. En una de mis visitas a una señora con cáncer cervical, internada en la unidad de cuidados intensivos después de sufrir un paro cardíaco, le dije a su médico que la señora había perdido sus ganas de vivir porque su esposo e hijos habían muerto en un accidente aéreo. El médico respondió: "Eso no tiene nada que ver con su estado. Sólo tenía el potasio muy bajo." Sería un error menospreciar la importancia del potasio o la extraordinaria parte tecnológica de la medicina, pero es también un error divorciar lo espiritual de lo físico. Para observar la conexión entre lo espiritual y lo físico, debemos fijar nuestra mirada en las sanidades que Jesucristo realizó.

Por qué Jesús sanó al enfermo

"Soy el camino, la verdad y la vida."[1] Con estas palabras de Jesús, ponemos nuestra atención a la sanidad en su ministerio. Es especialmente significativo que Jesús promete una eternidad en la que la enfermedad y la aflicción nunca más perturbarán nuestras vidas. El ministerio de Jesús fue un gozo anticipado de la vida en la eternidad. En él anticipamos la promesa: "Oí una potente voz que provenía del trono y decía: '¡Aquí, entre los seres humanos, está la morada de Dios! Él acampará en medio de ellos, y ellos serán su pueblo; Dios mismo estará con ellos y será su Dios. Él les enjugará toda lágrima de los ojos. Ya no habrá muerte, ni llanto, ni lamento ni dolor, porque las primeras cosas han dejado de existir.'"[2] Jesús dio una nueva perspectiva a nuestro entendimiento de sanidad al sanar las enfermedades antes del fin de los tiempos. El evangelio de Lucas trata este tema hablando sobre las sanidades que realizó Jesús.

En la primera historia de sanidad en Lucas,[3] el demonio pregunta: "¿Has venido a destruirnos?" Ellos saben que sus días están contados, pero están confundidos. Se quejan de que el último telón aún no ha bajado; Jesús se anticipó en su interferencia con el pecado y la muerte. En las sanidades que Jesús una vez realizó, como en su sufrimiento y muerte en la cruz, comenzó el cumplimiento de las últimas palabras de la Biblia: "Ya no habrá muerte." Como se puede ver en estas sanidades, una barrera protectora es construida para retener los efectos negativos del pecado y la muerte porque para aquellos sanados por Jesús, los límites han sido marcados, en los cuales no se les permite la entrada a la enfermedad y ni a la muerte. Mildred experimentó esto con Jesús. Su experiencia de otro año de vida le dio un gozo anticipado de las cosas por venir; fue una señal que apuntaba a la victoria de Jesús antes del fin y del Día del Juicio al maligno.

Por qué algunos son curados

Aunque es presuntuoso preguntarle a Dios: "¿Por qué yo no soy curado y otros sí?", la pregunta merece ser considerada. La sanidad selectiva que toma lugar en este mundo es una grata señal de las cosas que han de venir

---

1   Juan 14:6.
2   Apocalipsis 21:3-4.
3   Lucas 4:34.

para todos aquellos que tienen los ojos de fe para verlas. En medio de la enfermedad y de la muerte, Dios nos recuerda que "está con nosotros" y no "en contra nuestra", sin importar qué tan mal se puedan ver las cosas. Dios nos rocía gratas "gotas de sanidad" de los cielos que caen tanto en los justos como los injustos. Algunos son tocados y sanados, otros no; pero todo aquel que experimenta, o es testigo de la sanidad de las enfermedades de una persona, se le están insinuando las cosas que vendrán en Cristo. No es que la sanidad viene a algunos porque oran mucho más o porque tienen más fe que otros, sino porque la gracia de Dios se anticipa una vez más a nuestra necesidad de una señal del reino entre nosotros.

Tal sanidad se lleva a cabo en la actualidad de las formas más sorprendentes y en las personas menos esperadas. Un médico me refirió a uno de sus pacientes y me dijo con una sonrisa sarcástica: "Si lo conviertes, te compraré el almuerzo." Luego añadió: "Es un profesor universitario, ateo, homosexual, alcohólico, con una enfermedad aguda en el hígado, y se espera que muera pronto." Acepté este desafío con mucha más seriedad de la que pensó el médico; llamé al paciente y me presenté como el capellán del hospital. Inmediatamente, el paciente aclaró que era ateo y que no quería hablar de Dios. A lo que respondí: "¡De acuerdo! ¿De qué le gustaría hablar? Después de una larga pausa respondió "¿Por qué crees en Dios?" Tuvimos una conversación de casi una hora. Terminé diciéndole: "Sé que no crees en Dios, pero yo sí, y me gustaría orar por ti. ¿Te molesta que lo haga? Sólo tienes que escuchar, si quieres." Aceptó y oré pidiendo sanidad. Cuando terminé de orar, dijo agradecido: "Fue muy bonito, gracias." Reconocí su aprecio y me fui.

En mi siguiente visita, luego de una hora, comenzó a hablar de la oración y me dijo: "Algo ocurrió cuando oraste por mí." Después de que te fuiste, sentí una paz que nunca antes había sentido." Luego de unas tres semanas, esta persona que una vez fue ateo y que ahora es al menos teísta, fue dado de alta del hospital ya que su enfermedad en el hígado había sido controlada. Aunque no volví a verlo, me aseguró que tenía un amigo cristiano y que le pediría hablar sobre Dios y la sanidad que había empezado en él. Nunca fui por mi almuerzo gratis, pero el médico de este paciente estaba complacido y un poco asombrado por su recuperación.

La sanidad y el perdón de los pecados

A diferencia del pensamiento del siglo 20, Jesús no permite que en la sanidad se separe lo físico de lo espiritual. La elite espiritual de sus tiempos estaban indignados, no porque Jesús mezcló las dos sino porque conectó el perdón de los pecados de las personas con la sanidad de sus enfermedades físicas. En la historia del hombre paralítico, en la que un hombre es llevado a Jesús por sus amigos para ser sanado, Lucas presenta a Jesús no sólo como el sanador de las enfermedades físicas sino también como el sanador de las enfermedades del alma. La salvación es física y espiritual. Confesamos lo mismo cuando decimos "creo en la resurrección del cuerpo" y no sólo en la resurrección del alma.

La división, como sabemos, entre lo físico y lo espiritual no ocurrió hasta el siglo 18. Hasta entonces, era comúnmente entendido que la enfermedad y la muerte formaban parte de vivir en un mundo pecaminoso. Las realidades físicas tienen significados espirituales, como lo revela la historia del hombre paralítico en Lucas.[4] Sin poder hacer nada por sus necesidades físicas y espirituales, este hombre paralítico dependía de otros para que lo llevaran a donde pudiera encontrar sanidad. En ningún otro lugar en Lucas podemos encontrar tanto desamparo en la enfermedad como aquí, y la importancia de personas fieles que puedan ayudar. Amigos que creen que Jesús puede ayudar a que este pobre hombre conozca al sanador, a Jesús. Seguramente, si la conexión se hace entre lo físico y lo espiritual, es la gente que cree en Jesús la que ayudará a los débiles, desamparados y moribundos a llegar a esa conexión.

El perdón y la enfermedad están conectados, pero no en la forma que puedan creer muchos. No es que cada enfermedad es un castigo por un pecado particular.

Para algunos enfermos esto sería más fácil de aceptar que la frustración que tubo Job de buscar en el alma y no encontrar nada digno de confesar. Verdaderamente, algunas veces las consecuencias directas resultan de nuestro comportamiento pecaminoso, SIDA por promiscuidad, accidentes automovilísticos por ebriedad, pero Jesús claramente niega que cada enfermedad sea la consecuencia de pecados específicos o hasta

---

[4] Lucas 5:17-26.

acumulados. Cuando sus discípulos le preguntaron "¿Quién pecó, él o sus padres?", Jesús les contestó: "Ni él pecó, ni sus padres, sino que esto sucedió para que la obra de Dios se hiciera evidente en su vida."[5] Los pacientes que perciben su enfermedad como el resultado de pecados particulares deben ser escuchados cuidadosamente; sin embargo, los que dan cuidado pastoral no deben explorar estos caminos con los pacientes a menos que la conexión esté clara.

La conexión entre la enfermedad, el pecado, y la necesidad del perdón es absolutamente más profunda que los pecados particulares. Es por ello que Jesús nos señala la cruz para nuestro cuidado a los enfermos, débiles y desamparados. El paralítico es un ejemplo significativo. Aún sin poder contribuir con algo, ni siquiera con la fe (fue la fe de sus amigos lo que impresionó a Jesús), recibe el perdón y la sanidad de parte de Jesús. La conexión entre la enfermedad y el perdón de los pecados es la conexión entre nuestra impotencia ante Dios y la cruz de Jesús, que se convirtió en nuestra ayuda. Pero no es que la cruz simplemente nos da poder para ayudarnos a nosotros mismos o nos da la fe suficiente para sanarnos. Al contrario, la cruz es una señal de que estamos más enfermos de lo que pensamos y que, en la victoria de Jesús sobre el pecado y la muerte, se nos ha dado algo más profundo que la sanidad física. Este regalo de la gracia de Dios para los enfermos y moribundos es la esperanza absoluta que nos sostiene en la vida, sin importar qué tan enfermo esté el mundo.

La fe, la sanidad, y la cruz

La teología de la cruz debe ser siempre la lente a través de la cual veamos la conexión entre la fe y la sanidad. Nos recuerda que Dios sana y que nosotros no, ciertamente no por nuestro uso del divino poder concedido por fe. La fe no es poder por sí sola; al contrario, la fe es confianza en Dios, así seamos o no curados físicamente en esta vida. De lo contrario, estaremos tentados a la teología de gloria, en la que muy poco utilizamos la fe para nuestros propios fines, incluyendo los de "salud y riqueza" que llegan a ser más importantes que Dios mismo. Si esto parece dudoso, observe los intentos de algunos de convertir a la gente basándose en la promesa del poder de Dios para controlar la vida; promesas que sugieren que si sólo

---

[5] Juan 9:2-3.

tenemos suficiente fe, podremos ser sanados o ricos o cambiar el curso del mundo. Los que usan la fe para sanar ofrecen primeramente poder y luego a Dios. Nos dicen que creamos en Jesucristo y no que debemos amar a Dios por lo que es sino que debemos obtener de Dios lo que queremos, es decir, la sanidad u otros beneficios. La codicia lleva a creer en Jesús porque se asume que sólo creyendo obtendremos lo que deseamos.

La teología de la cruz nos ayuda a ser honestos. Nos recuerda, en caso de que nuestra enfermedad nos preocupe, cómo son las cosas en este mundo pecaminoso. Nunca saldremos con vida de él. Es por ello, que no debemos preocuparnos por la obsesión de la sanidad física y de una larga vida sino por vivir fielmente sin importar cómo sean nuestras vidas. La fe no es una herramienta de poder que nos permite rehacer nuestras vidas, sino una caja de herramientas vacía que atestigua nuestra dependencia de Dios como nuestro maestro carpintero. El paralítico fue curado no porque tuvo fuerzas para creer en Jesús sino porque Jesús lo alcanzó con su gracia. Su fe no es "poder", sino un vacío que confía en Jesús. Martín Lutero lo explicó claramente en el Tercer Artículo del Credo Apostólico: "Creo que ni por mi propia razón ni por mis propias fuerzas soy capaz de creer en Jesucristo, mi Señor, y allegarme a él; sino que el Espíritu Santo me ha llamado mediante el evangelio, me ha iluminado con sus dones y me ha santificado y guardado mediante la verdadera fe." La fe siempre es una vasija abierta y no una línea de transmisión que controla una computadora celestial. La debilidad de Jesús en la cruz es el único "poder" que es vida para aquellos que saben que están muertos sin él.

PERO, ¿QUÉ CON LA FE?

Efectivamente, la fe participa en la enfermedad y sanidad en la vida de los cristianos. La fe pide lo que desea, con la esperanza de que se haga en nosotros la voluntad de Dios, y recibe lo que Dios da. La voluntad de Dios no debe ser completamente entendida como un plan que de alguna forma debemos identificar y seguir como el camino al éxito, sino como una intención dinámica e insistente de Dios para nuestro beneficio. A diferencia del paciente que, cuando todo lo demás no funciona, ora de mala gana y en forma fatalista "hágase tu voluntad", los cristianos reconocemos la voluntad de Dios como una corrección deseada, confiada, y alegre de nuestros esfuerzos erróneos y frustrados de querer saber qué es lo mejor para nosotros. Para orar correctamente "hágase tu voluntad", se debe confiar en que la voluntad de Dios para nosotros es buena y misericordiosa. Pedir la voluntad de Dios debería ser pedir lo contrario de lo que se quiere y confiar en que las intenciones desconocidas de Dios considerarán el amor que nos tiene. Pedimos por sanidad y vida, pero debemos hacerlo con la esperanza de que la buena voluntad de Dios pondrá a un lado nuestra petición cuando sea necesario.

La oración y la sanidad

Entonces, ¿cómo debo orar? Orar no debe ser como una técnica para obtener lo que queremos de Dios sino una forma de confiar nuestras vidas a su cuidado pase lo que pase. Trabajar con David me ayudó a apreciar esta diferencia. Las enfermeras de la Unidad de Cuidados Intermedios me pidieron que apoyara a David, un joven de 21 años que acababa de salir de la Unidad de Cuidados Intensivos. Batallando con las consecuencias de un absceso cerebral, una complicación por sufrir de Lupus, David está más consciente de su condición, y sus temores y ansiedades han aumentado. Cuando conocí a esta familia bautista me dieron una calurosa bienvenida. En varias de mis visitas, David y su padre compartieron todo lo que han pasado por tener Lupus. El padre de David también tiene la misma enfermedad.

David mejoró físicamente y fue transferido de la Unidad de Cuidados Intermedios a un piso general. Su mejoramiento mental le permitió darse cuenta de lo cerca que estuvo de la muerte. Tanto David como sus padres aprovecharon al máximo mis visitas para hablar libremente de sus miedos y la libertad dramática que Dios ha dado a sus vidas. En medio de su propia debilidad y vulnerabilidad han visto a Jesús de su lado en toda esta situación.

Sin embargo, hubo un día en el que David pareció decaer emocionalmente. Mientras salía del ascensor, podía escuchar un sonido metálico que aumentaba a medida que me acercaba al cuarto de David. Era la cama de David que se movía. Tenía tanto miedo que estaba temblando. David estaba agobiado por todo lo que le estaba ocurriendo, y sentía tanto miedo porque esa tarde se le realizaría una punción en la espina dorsal. Era necesario insertar una aguja entre sus vértebras, sacar fluidos de la espina dorsal para saber si tenía una infección residual a consecuencia del absceso cerebral. Estaba aterrorizado por el dolor que pensaba que le causaría esa cirugía y lo expresó en tonos metálicos. Ni las medicinas ni las palabras de aliento de las enfermeras lograron calmarlo.

David y yo hablamos en medio de ese fuerte sonido y admito que no le pude asegurar que la cirugía no sería dolorosa ya que nunca había experimentado algo similar. Ni tampoco era mi tarea decir si dolería o no. Pero le dije que había algo que podíamos hacer en cuanto a ese miedo que lo estaba consumiendo. Ya casi al terminar mi visita le dije a David lo que quería que hiciera. "David, cuando vengan por ti para hacerte el examen, quiero que cierres tus ojos y te imagines a Jesús, como sea que te venga a la mente, y quiero que le digas: 'Jesús no puedo con esto. Tengo miedo y pongo ese miedo en tus manos. Toma el control.'" Reforcé la necesidad de que David dejara en las manos de Dios sus temores y no los volviera a tomar. Oramos y me fui.

Horas después me encontré con los padres de David en el pasillo; tenían la sonrisa más grande que nunca antes les había visto. "Nunca adivinarás lo que pasó", me dijeron. "David hizo lo que le dijiste y se quedó dormido durante la prueba." Querían que lo oyera de la boca de David e inmediatamente fui a verlo. Esta vez que entré al cuarto, David me saludó muy contento. Mirando a las dos enfermeras que lo estaban atendiendo, dijo: "Las enfermeras me dieron las medicinas para calmarme, pero no surtieron efecto. Los médicos tampoco pudieron calmarme. Pero este hombre de Dios me dijo que pusiera mis temores en las manos de Jesús y lo hice ¡y funcionó!" David estaba libre de sus temores y se recuperó rápidamente. A los 21 años se convirtió en uno de los ancianos de su iglesia y junto con su padre dieron testimonio a aquellos nuevos creyentes que llegaron a ellos.

Aunque la historia de David refleja una "teología de gloria" del "poder de la fe de hacer grandes cosas", sería un error entenderla de esa forma. Tampoco este "poder" debería ser embotellado y vendido a las editoriales cristianas como una técnica espiritual para ser seguida por otros. Ciertamente, Dios de forma misericordiosa respondió ante la vulnerabilidad y el vacío de David y el poder de Dios fue perfecto en medio de su debilidad. Pueda ser que David sufra en los próximos años. Su experiencia de victoria sobre el terror no puede asegurarle que puede controlar todas las cosas por sí mismo al tomar las riendas correctas, aún "las riendas de la fe". La teología de la cruz nos recuerda que la gracia experimentada por David siempre nos llega a pesar de nosotros y no por causa de nosotros. Nuestra fe es el recipiente de la gracia de Dios y no el trabajador de ella. El mensaje de Dios para David siempre será "mi gracia es suficiente para ti", así te sanes o no. Ésta es la causa real para una celebración como la que David disfrutó al subir a la cima de la montaña de la fe. David confió su vida a Dios y estaba dispuesto a tolerar lo que Dios le diera como respuesta a esa confianza.

¿Oro correctamente?

Algunos pastores vacilan ante la idea de orar para que el enfermo se sane, especialmente si están cerca de la muerte. Sin embargo, estamos invitados a orar por todas las enfermedades. Y hago énfasis en esto con cuidado. Un familiar o un paciente nunca deberían asumir que Dios siempre retrasará la muerte o eliminará la enfermedad. No obstante, los casos que he presentado en este libro confirman que Dios tiene el control aún sobre la muerte.

Ha habido momentos en los que he orado por la muerte con algunos pacientes. Lo he hecho cuando el paciente me lo ha pedido. Es importante ver la oración no como una forma de encargarse de la vida o la muerte sino de dejar todas las cosas en las manos de Dios y encontrar paz al hacerlo. La oración también nos previene de sucumbir al fatalismo, el cual dice "creo que mi tiempo aún no ha llegado", como si hubiese un reloj con alarma en el cielo con nuestro nombre. Tal entendimiento determinista no permite la intervención de Dios en cada momento de nuestras vidas. Definitivamente Dios tiene planes para nosotros, pero no es con una conclusión inevitable como solucionaremos las cosas. La oración no es una herramienta de la fe por medio de la cual manejamos el control de Dios sobre nuestras vidas. Al contrario, es la conversación que Dios comenzó con nosotros cuando estableció una relación con nosotros en el Bautismo. Por ser sus hijos, podemos pedirle lo que queramos.

EL OBJETIVO DE LA FE EN LA SANIDAD

El propósito de la fe en el proceso de sanidad es de ayudar a los pacientes a conectarse con Dios para que vean la vida desde una perspectiva santa. Así como la enfermedad testifica la caída de este mundo, la sanidad apunta al reino de Dios que viene para el justo y el injusto. La sanidad es una señal de esperanza de cosas más grandes que el beneficio físico. La posibilidad de sanidad está siempre presente, junto con la sanidad profunda de nuestra relación con Dios y con los demás que Dios nos ha dado por medio de la gracia que encontramos en Cristo Jesús. Los pastores, y aquellos que dan cuidado espiritual, necesitan valorar la sanidad física y considerarla como una señal de sanidad espiritual.

Ya que hemos entendido mejor la teología de la cruz en la PRIMERA PARTE de este libro, estamos listos para continuar. En la SEGUNDA PARTE, exploraré mucho más la utilidad práctica de tal cuidado bajo la cruz.

SEGUNDA PARTE

El cuidado pastoral en situaciones específicas

Introducción

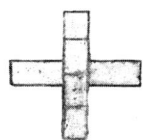

LA LITURGIA DEL CUIDADO PASTORAL[1]

La palabra *liturgia* significa literalmente "trabajo", el trabajo del pueblo de Dios de ser hacedor de su Palabra. La liturgia, al describir el formato de adoración, resalta el acto de Dios por salvarnos y de lo que hacemos como respuesta, como por ejemplo, cuidar a los que sufren "en el nombre del Padre, del Hijo y del Espíritu Santo".[2] Dios es siempre un hacedor. Como Padre nos da vida; como Hijo da su propia vida por nosotros y como Espíritu Santo nos sustenta diariamente en la fe. Dios, por ser un hacedor, nos invita a que también lo seamos, recordando que "nuestro socorro está en el nombre del Señor".[3]

Los pastores, y aquellos que ayudan en el cuidado espiritual, llegan a la gente que sufre con el mensaje de paz: "El Señor sea con ustedes",[4] y cuando se van deberían decir "Ésta es palabra de Dios".[5] Los pastores, y los que dan cuidado espiritual, confiesan su fe y le llevan al que sufre una perspectiva santa en palabras que pueden escuchar. Su mensaje es de esperanza e invitan a aquellos a quienes visitan con las palabras: "Elevemos nuestros corazones".[6] La realidad de cada visita espiritual es que dos o más están reunidos en el nombre de Jesús y le piden: "Envía tu Santo Espíritu a nuestros corazones para que él engendre en nosotros una fe viva".[7]

---

1 ¡Cantad al Señor!, (St. Louis, Editorial Concordia, 1991).
2 Ibíd., 9.
3 *Culto Cristiano*, (Publicaciones "El Escudo", 1978), 17.
4 ¡Cantad al Señor!, 14.
5 Ibíd., 15.
6 Ibíd., 18.
7 Ibíd., 42.

Algunas visitas pastorales serán para compartir el cuerpo/pan y sangre/vino de nuestro Señor a fin de que la gente desalentada sea capaz de decir: "Den gracias al Señor, porque él es bueno."[8] Y tales visitas dejan una marca santa de Dios en la vida de los que sufren: "El Señor te bendiga y te guarde; haga el Señor resplandecer su rostro sobre ti y tenga de ti misericordia. Vuelva el Señor su rostro a ti y te conceda la paz."[9] Ésta es la liturgia (el trabajo) y la práctica del cuidado pastoral.

Recibir y dar cuidado pastoral

Dar cuidado pastoral a otros debe comenzar con nosotros mismos. Pero, así como hay personas que nunca han escuchado a sus padres decirles que los aman, también hay pastores que nunca han recibido un cuidado personal de otro pastor. Tal vez durante la niñez de ellos el pastor pudo haber sido frío y distante, afirmándose sólo en la autoridad de su oficio para cumplir con su ministerio en lugar de descansar en el amor de Dios, que por sí solo sana a las almas enfermas. Los aprendices en el cuidado pastoral comienzan en la cruz cuando Jesús le dijo a su madre y a su discípulo amado "Mujer, he ahí tu hijo", y al discípulo: "He ahí tu madre".[10] Allí Jesús puso en marcha las generaciones de cuidado pastoral a seguir. Dios cuida a su pueblo a través de su pueblo.

Recuerdo una experiencia que tuve en los primeros días de mi ministerio pastoral. Tuve que aguantar la ola común de desilusión que agobia a cada nuevo pastor al descubrir que todos los miembros no son la encarnación del ideal de Dios. Lo que esperaba de la iglesia como una familia de la fe que se ama, se desvaneció rápidamente. Decidí dejar mi trabajo en la iglesia para dedicarme a ser capellán de hospitales, en un momento el cual admito fue dirigido por Dios pero también fue apresurado. Me sentí muy emocionado y entusiasmado por trabajar en los hospitales; sin embargo, aún llevaba conmigo el dolor y la aflicción de mi experiencia como pastor de una iglesia. En mis primeras semanas como capellán, al compartir con otros capellanes, experimenté la presencia, el cuidado y la perspectiva de sanidad de Dios. Esto ocurrió un día en el que no pude contener más mi

---

8   Ibíd., 25.
9   Ibíd.
10 Juan 19:26-27.

aflicción frente a estos capellanes. Su deseo de estar conmigo, lo genuino de su cuidado y la perspectiva santa que me transmitieron me permitió perdonar y ser perdonado, lo que me dio una nueva vida. Aprendí nuevamente, mediante el sufrimiento, que "Dios dispone todas las cosas para el bien de quienes lo aman" (Romanos 8:28). Al buscar en el alma y la sanidad profunda, fui capaz de proporcionar a otros la misma presencia, cuidado y perspectiva que Dios me había dado. Ellos me cuidaron y Dios me preparó para cuidar a otros.

PRESENCIA, CUIDADO, Y PERSPECTIVA

Utilizo las palabras "presencia", "cuidado", y "perspectiva" para describir el objetivo del cuidado pastoral hacia los enfermos y los que sufren. Cada una de esas palabras describe un aspecto del cuidado pastoral que Dios obra en nosotros. Nuevamente, esto comienza con la cruz. Como dice Pablo: "He sido crucificado con Cristo, y ya no vivo yo sino que Cristo vive en mí. Lo que ahora vivo en el cuerpo, lo vivo por la fe en el Hijo de Dios, quien me amó y dio su vida por mí" (Gálatas 2:20). Nos preocupamos desde el punto de vista pastoral por otros porque Cristo, el buen pastor de las ovejas, se preocupa pastoralmente por nosotros.

El modelo de cuidado pastoral que propongo es evidente en los nombres mediante los cuales Dios se nos revela. Supimos cómo Dios nos cuidaría desde antes del nacimiento de Jesús porque el profeta anunció y el ángel le prometió a María que el hijo de Dios sería llamado "Emanuel", que significa "Dios con nosotros".[11] Este nombre anuncia la *presencia* de Dios como la primera acción de cuidado. ¡Dios está con nosotros en nuestros sufrimientos! No debemos temerle más a la idea de que somos abandonados en el sufrimiento. De igual forma, llamar a Jesús "Salvador",[12] anuncia el cuidado de Dios "para nosotros… y nuestra salvación"[13] en la cruz. Y el nombre "Señor",[14] nos asegura que aún hoy en día gobierna sobre todas las cosas en una *perspectiva* santa y nos da los "ojos de la fe" para que lo veamos en medio del sufrimiento.

---

11 Mateo 1:23.
12 Mateo 1:21.
13 El Credo Niceno.
14 Juan 20:28.

La presencia de Dios

La presencia de Dios significa "disponibilidad". Muchos enfermos y moribundos no sienten que Dios está disponible para ellos. Algunos sienten mucho más la distancia en la enfermedad ya sea porque se han apartado de Dios y se sienten culpables o porque nunca han conocido a Dios como para estar cerca de él. Si no estamos seguros de la gracia de Dios para con nosotros en tiempos de enfermedad, nos sentiremos rechazados por él. Sin embargo, Dios no se queda sin presentar testigos ante nuestro sufrimiento; envía en su nombre a los pastores y a otros que den cuidado pastoral para que sean su presencia ante nosotros.

Mientras hacía mis visitas, una mujer en la Unidad de Cuidados Intensivos me llamó y me dijo: "Capellán, nunca nos habíamos presentado, estaba tan débil que no podía hablar con usted, pero quiero que sepa que verlo caminar por acá diariamente me dio consuelo porque sabía que Dios estaba aquí en el hospital". Me hizo recordar a la mujer que pensó: "Si al menos logro tocar su manto (el de Jesús), quedaré sana".[15] Reconocer la presencia del pueblo de Dios es reconocer la presencia de Dios.

El cuidado pastoral es la afirmación de la presencia de Dios. La Cena del Señor, en el cuidado pastoral de los enfermos y los que sufren, es la presencia más grata porque Cristo está presente en una forma que nada más puede estarlo. En la Santa Comunión, Dios construye un puente entre el cielo y la tierra a fin de que no exista ninguna separación entre las necesidades físicas y espirituales. En el pan y el vino, el cuerpo y la sangre de Jesucristo están presentes para sanar las enfermedades profundas del alma y para finalmente transformar los cuerpos terrenales en cuerpos celestiales.

En el hospital, generalmente uso mi cuello clerical como señal de la presencia de Dios. El laicado cristiano que usa cruces en la solapa o en el cuello y que se preocupa por el sufrimiento de las personas también testifica esto. Sin embargo, algunos pueden asociar negativamente el uso del cuello clerical y de las cruces. Posiblemente sufrieron algún rechazo o abuso de parte de un pastor u otros cristianos. Para ellos, el cuello clerical o la cruz se convirtió en una barrera. Pero aún esta asociación negativa les da a los pastores una oportunidad para ofrecer cuidado pastoral a los pies de

---

15 Mateo 9:21.

la cruz; cuidado que se hará por alguien que lleva las señales de la presencia de Dios. La presencia de Dios se hace conocer por medio de sus hijos.

El cuidado de Dios

Las frases "Dios no se preocupa por mí; ¡se olvidó de mí!" son comunes entre la gente que ha estado enferma por mucho tiempo o que sufre enfermedades crónicas. Cuando les pregunto si sus enfermeras y médicos los han tratado bien, me responden que sí con seguridad pero al mismo tiempo dicen con la misma intensidad que Dios no. Algunas veces esta intensidad es ira contra Dios que necesita ser sacada, pero ocasionalmente la ausencia que se dice tener del cuidado de Dios es debido a la ignorancia espiritual de la forma en la que Dios se hace conocer. Cuando un paciente recibe cuidados de parte de un médico o una enfermera, digo a mis pacientes que "ése es Dios que los está cuidando". ¿De qué otra forma podrías saber si Dios te está cuidando o no si no es a través de las personas? Continuo diciendo: "De hecho, de eso se trata, de que Dios llega a nosotros por medio de Jesucristo en la cruz para cuidar de nosotros y de nuestra salvación." No estoy sugiriendo que un pastor debe "predicar" en lugar de escuchar al encontrarse con un miembro con duda o ira, sino que debe guiarlo a que vea con los ojos de la fe dónde Dios está obrando en ese momento.

La perspectiva santa

La perspectiva santa es la interpretación de la presencia de Dios en medio del sufrimiento, descubierta por el pastor y el que sufre al preguntarse: "¿Dónde está Dios en medio de esto?" Una vez visité en el hospital a Clarence, un anciano cuya esposa también estaba hospitalizada por cáncer. Clarence colapsó por cansancio mientras visitaba a su esposa y por esa razón, tuvo que ser hospitalizado. Era un hombre rudo, fuerte, jubilado ferroviario que hablaba crudamente de la frustración que sentía por la enfermedad de su esposa. En medio de sus miles de quejas le pregunté: "¿En dónde ves a Dios en toda esta situación?" Siempre me asombra el hecho de que las personas tengan una respuesta a esta pregunta. Algunas veces simplemente dicen: "No veo a Dios en ninguna parte." Cualquiera que sea la respuesta, la pregunta es un buen lugar para empezar porque aclara el panorama y permite la exploración conjunta de una perspectiva santa. Pero en este caso, Clarence sabía en dónde había visto a Dios. Separando sus dedos dos pulgadas y frente a mi cara casi gritó: "Dios es así de grande, y sigue encongiéndose." Me dijo que había estado presente en la fidelidad y en el amor que le tuvo su esposa a pesar de su fuerte problema con la bebida y las fiestas en años anteriores. Sin embargo, ahora que ella estaba muriendo, parecía que Dios se había alejado de él. En ésta, y las visitas siguientes, Clarence conoció a Dios de otras formas, sin excluir la presencia del capellán y su preocupación por él. Recuerdo haberle dicho: "Estoy aquí como señal de que Dios aún está contigo, sin importar lo que venga." Lo aceptó diciendo: "Gracias, necesitaba escuchar esas palabras."

La perspectiva santa no es una interpretación hecha por los pastores que le dicen al que sufre lo que significa el sufrimiento. Al contrario, el pastor ayuda a la persona a verbalizar el significado de su sufrimiento de tal forma que juntos puedan encontrar el significado real al pie de la cruz. Ayudar a las personas a descubrir la presencia y el cuidado de Dios en medio de su sufrimiento es uno de los retos más grandes del cuidado pastoral. Mientras la mayoría de las personas buscan señales divinas de sanidad por las que han orado y esperado, muy pocos buscarán por su propia cuenta a Dios en el sufrimiento.

Rehusarse a ver a Dios en el sufrimiento no es sólo un caso de ignorancia sino también de resistencia. De igual forma, reconocer a Dios en medio del sufrimiento nos lleva a sentirnos vulnerables y a darnos cuenta de la pérdida de control, y nos hace depender de Dios. Rehusarnos a ser dependientes está en el corazón de nuestros temores y nuestra rebelión contra Dios. Sólo con los ojos de la fe podemos ver a Dios presente en el sufrimiento de Jesucristo en la cruz, de tal forma que la resistencia se rompe por el amor y la dolorosa y larga paciencia de Dios y no por discusiones o condenaciones.

Puede ser difícil apreciar el impacto de la *presencia* de un pastor en el nombre de Dios. Puede ser más fácil ver el *cuidado* de un pastor a otros como el cuidado de Dios. Pero la *perspectiva* santa que un pastor da a la situación del que sufre es la Palabra de Dios claramente articulada. Algunas veces el impacto de un pastor se limita a la presencia silenciosa en nombre de Dios. En otros momentos incluirá la "presencia" y el "cuidado" en nombre de Cristo. Pero finalmente, el cuidado pastoral busca ayudar a otros de las tres formas: la presencia, el cuidado y la perspectiva santa de Dios.

Un ejemplo de la presencia, el cuidado, y la perspectiva santa de Dios

A Bill se le practicó una importante disección en el cuello para remover un tumor maligno ubicado detrás de la mandíbula. Me parece que pocas cirugías son tan desagradables y dejan a una persona tan desfigurada como ésta. Conocí rápidamente a Bill antes de la operación y le prometí que estaría disponible para él durante su hospitalización. Unos pocos días después de su operación, me mandaron un mensaje mientras comía pidiéndome que fuera inmediatamente a la habitación de Bill. Cuando llegué me dijeron que Bill tenía una hemorragia y que debido a la expansión del cáncer, el cirujano había decidido no intervenirlo para parar la hemorragia. Bill se estaba desangrando en su habitación y me pidieron que lo consolara en su lecho de muerte.

Al entrar al cuarto, lo primero que vi fue una cama bañada en sangre rodeada de enfermeras colocando toallas en el cuello y pecho de Bill para absorber la sangre que brotaba de su arteria rota. Bill se encontraba consciente y sus ojos se veían aterrorizados. Me extendió su mano. Se la tome e inmediatamente me tiró hacia la cama cubierta de sangre. Me tomó la mano tan fuerte que se me estaba durmiendo. Lo único que dije fue, tratando de darle una perspectiva santa: "El Señor está contigo, Bill." Pareció que se relajó un poco. (Después de casi una hora de perder sangre, la hemorragia comenzó a ceder y finalmente fue intervenido. Bill sobrevivió, pero diez meses después fue readmitido al hospital en donde murió mientras miraba televisión, pocos minutos después de mi visita).

Bill tuvo una perspectiva santa en su sufrimiento durante esa primera experiencia aterradora. Luego, admitió que realmente llegó a conocer la presencia y el cuidado de Dios y pareció que pasó de aferrarse a la vida, a aferrarse a Dios por mi intermedio. Al igual que la mujer que iba a ser operada de un tumor cerebral que fue capaz de decir: "Dios ha sido bueno conmigo", así también Bill fue capaz de afirmar la teología de la cruz en la que Dios sí fue encontrado en medio del sufrimiento.

CUATRO HABILIDADES DEL CUIDADO PASTORAL[16]

Ayudar a las personas a descubrir la presencia, el cuidado, y la perspectiva santa de Dios en su sufrimiento es un arte que comienza con el desarrollo de las habilidades pastorales. Se necesitan cinco habilidades de cuidado pastoral para que su práctica sea correcta. La primera es la habilidad de cuidar la intimidad; la segunda, animar a quejarse correctamente; tercera, ayudar a que el paciente diga una historia que incluya a Dios; cuarta, compartir el sufrimiento adecuadamente, y por último, la habilidad de dar consuelo con el evangelio.

La habilidad de cultivar la intimidad

Cultivar la intimidad es desarrollar una relación en la que el amor es exitosamente expresado y recibido, es decir, compartido. El amor del pastor por sus miembros refleja el amor de Dios a su pueblo. Ya que la última mitad del siglo 20 desafortunadamente, ha entendido el amor como una emoción o un sentimiento en lugar de un compromiso con otros, es importante que el pastor moldee la intimidad del amor, no como una experiencia sensual sino como un compromiso con la vida de los miembros que sufren. El compromiso de cuidar a otros nos enseña que Dios también nos cuida.

La habilidad de cultivar la intimidad se aprende al tener la buena voluntad de sentirse débil y vulnerable con el miembro y al evitar las respuestas ingenuas, predicaciones sermoneadoras o maniobras distanciadoras con la intención de alejar el dolor, el cual se nos ha invitado a compartir con el que sufre. Esta voluntad de sentirse débil y vulnerable no es lo mismo que sentirse inepto o inexperto en el cuidado pastoral. La debilidad y vulnerabilidad es lo que siente una familia cuando, al pie de la cama del moribundo, se da cuenta de lo inevitable y comienza a "hacer" algo para mantener el control de la situación o de ella misma. En momentos así, la única cosa que se debe hacer es llorar y no abandonar al moribundo. También los pastores deben derramar lágrimas santas como señal de la aflicción de Dios por las cargas de pecado que nos llevan a la puerta de la muerte. En la muerte lo

---

16 Eugene H. Peterson, *Five Smooth Stones for Pastoral Work* (Grand Rapids, William B. Eerdmans Publishing Co.), 192.

INTRODUCCIÓN

que se siente es el dolor de la cruz. Con el tiempo, cuando pase la aflicción, lo que se sienta será el gozo de la resurrección.

Esta voluntad de ser y sentirse débil o vulnerable no viene fácilmente y le costará al pastor algo emocionalmente. Después de visitar al miembro en sufrimiento, se sentirá afligido, molesto, triste y frustrado. Cada vez que regreso de visitar a un paciente con el que antes de morir comparto la debilidad y vulnerabilidad, me siento exhausto. Me imagino que esto es un reflejo del cansancio de Jesús en su pasión. Entregarse a otros es agotador, aún cuando también haya una renovación en la resurrección diaria de recordar quién y de quién somos y por qué hacemos lo que hacemos como pastores.

La habilidad de animar a quejarse correctamente

La habilidad de animar a quejarse consiste en alejar la queja justa o injusta del paciente por la enfermedad, el tratamiento, los médicos o cualquier otra cosa y enfocarla en la debilidad y pérdida de control que están detrás de esa queja, a fin de poder presentarla a Dios. La tentación a la que sucumben muchos pastores comprensivos cuando los que sufren se quejan, es de unirse a ellos, añadiendo su propia letanía o experiencias similares, o de defender al que está siendo atacado, ya sea por el médico, la enfermera, o el hospital. Es necesario decir que el que sufre puede tener una razón completamente válida para criticar al médico, hospital, o al sistema de salud; pero en ese momento, la tarea del pastor no es de actuar como el defensor del atacado sino de ayudar para que la queja sea reorientada hacia Dios. Un pastor sincero advirtió a una madre molesta a que no culpara a Dios por la enfermedad de su hijo, pero la astuta mujer le respondió "¿A quien más puedo ir con mi queja si no es a Dios?" Tal respuesta no es un lloriqueo que requiere que Dios se justifique, sino que es una respuesta de una madre aterrada por ver que su único hijo se estaba muriendo. La tarea del pastor es ayudar a la persona a que lleve sus quejas ante el trono de los cielos para que encuentre paz así como lo hizo Job cuando desahogó su dolor.

La habilidad de ayudar a contar una historia

El paciente, al sentir que ya no puede más con su enfermedad, puede llegar a decir que la vida es caótica y accidental. Existe el peligro de que por creer que la vida no tiene ningún sentido, la persona no pueda ver lo que Dios está haciendo en medio de su situación y no le permita contar una historia personal de su experiencia en la que incluya a Dios. El propósito de que la persona arme su historia (con la ayuda del pastor) es para darle respuesta a la pregunta: "¿Dónde está Dios en todo esto?" Aunque la vida parezca ser accidental, el prólogo de nuestra historia personal comienza con Dios creándonos, y el epílogo concluye con la promesa de Dios de vida eterna. La tarea del que sufre es juntar las piezas de su vida de tal forma que lo satisfaga mientras cuenta una historia coherente sobre su sufrimiento.

A mi papá le tomó 80 años armar su historia. A finales del siglo 20, en la ciudad de Nueva York, a la edad de cinco años, mi padre y su familia habían planeado asistir al picnic de la escuela dominical, en el que irían en el barco *Slocum*. Cuando llegó el día, mi papá se enfermó y no pudo ir, así que él y su familia se quedaron en casa mientras que miles de personas, incluyendo gran parte de su familia, abordaron en *Slocum* para viajar por el río Hudson hasta el Bear Mountain. Se registra en la historia que el *Slocum* se incendió y se hundió, dejando un saldo de más de 300 muertos, incluyendo muchos de los familiares de mi padre. La pregunta: "¿Por qué me salvó?" no dejaba tranquilo a mi papá. Finalmente, en sus ochenta, mi papá me dijo un domingo después del culto: "Sabes, creo que la razón por la que fui salvo fue para poder tenerte y para que pudieses ser pastor." Por primera vez, mi padre vio la mano de Dios en su tragedia y concluyó, "Dios dispone todas las cosas para el bien de quienes lo aman." Es la frase: "Todas las cosas [son] para el bien" en las manos de Dios, la que cada persona que sufre debe identificar para contar una historia que lo mantenga de pie. La habilidad de ayudar al que sufre a contar una historia de sufrimiento que incluya a Dios viene después de escuchar pacientemente y de preguntar gentilmente: "¿Dónde ves la mano de Dios en esta situación?"

INTRODUCCIÓN

La habilidad de compartir el sufrimiento

No siempre la tarea del pastor es de aliviar o quitar el sufrimiento sino de compartirlo. Esto no contradice la historia de la iglesia al crear hospitales e instituciones de caridad que alivien el dolor y el sufrimiento sino que es otro aspecto del cuidado pastoral. Aquí el cuidado pastoral sigue el ministerio de Jesús, quien "ha cargado con nuestras penas y aflicciones". El objetivo de compartir el sufrimiento es capacitar al que sufre para que vea a Dios cuando el pastor lo ayuda a cargar con sus penas y sufrimientos. Existe una delgada línea entre la habilidad pastoral de cultivar la intimidad (de la cual hablamos anteriormente) y este poder compartir los sufrimientos. Cultivar la intimidad anima al que sufre a amar y confiar en Dios. Compartir los sufrimientos ayuda al que sufre a interpretar su relación con Dios y a reconocer que Dios está con él y no en su contra.

Cuando el pastor se da el permiso de compartir el sufrimiento del otro, está predicando la teología de la cruz con mucha valentía. El pastor dice "Dios viene a nosotros en las debilidades y en el sufrimiento. Esperémosle". Nos tomó seis meses poder descubrir la presencia de Dios en el sufrimiento de Elizabeth, una abogada arrogante, exitosa y con cáncer. La visité casi diariamente y me hizo sentir impotente, que no servía para nada y que no me quería allí. De todas formas, parecía importante soportar la apariencia hostil y dura de esta moribunda. Fue en los últimos días de su vida en los que descubrimos la presencia de Dios. Humillada por Dios a través de su enfermedad, Elizabeth me confesó: "Sabe, odiaba verlo aquí todos los días. El sólo hecho de verlo me hacía recordar que moriría y no quería enfrentar eso. Pero sé que quiere lo mejor y que se preocupa y quiero agradecérselo." Luego, contó cómo había conocido a Dios en medio de sus hospitalizaciones. Oramos juntos, ella y yo, uno en Cristo.

La meta de compartir el sufrimiento es ayudar al que sufre a que aprenda a ver a Dios.

La habilidad de consolar

Consolar no es el simple hecho de hacer sentir bien a la persona que sufre. Generalmente, el consuelo pastoral es precedido por la aflicción del que sufre mientras lucha con su enfermedad. Los pacientes que comienzan a desahogar su resentimiento o pena se sienten mal porque les duele. Los pastores que actúan apresuradamente para aliviar ese dolor, ya sea por compasión o indignación justa, pueden cerrar una herida que aún necesita ser drenada. De igual forma, la persona que sufre, que lucha contra la enfermedad o aún contra Dios necesita que se le permita la incomodidad de su rabia y negación antes de que honestamente enfrente la enfermedad, la muerte, o a Dios. Elizabeth necesitaba admitir que "odiaba verme todos los días", así haya sido difícil para ella decirlo y para mí escucharlo, porque necesitaba confesar sus pecados. Desvalorizamos la integridad de la confesión e incomodidad de una persona cuando decimos: "No hay problema, olvídalo." Lo persona que sufre no necesita escuchar que nos estamos alejando de su incomodidad sino que la aceptamos y perdonamos en Cristo.

El silencio temporal del pastor al escuchar historias molestas no necesariamente significa que perdona las quejas o una perspectiva distorsionada. Una respuesta pospuesta a su impulso de aclarar las cosas para consolar al que sufre, le permite al pastor escuchar cuidadosamente un poco más de lo que está detrás de esa molestia. Seguramente, cada pastor ha descubierto que un miembro necesita su aflicción antes de que haya llegado por sí mismo a una solución apropiada.

La meta del cuidado pastoral no es necesariamente remover la aflicción de una persona, sino ayudar al que sufre a utilizar esa aflicción para crecer en la fe y en el amor de Dios. La aflicción de Elizabeth fue un recordatorio de la necesidad de prestar atención a Dios en medio de su sufrimiento, algo que no quería hacer. Finalmente, su pesar contribuyó a su consuelo final en Cristo. Dios no sólo viene a nosotros para consolarnos sino también cuando estamos afligidos.

LA ESTRUCTURA DE UNA VISITA

Gran parte del éxito del cuidado pastoral depende de la estructura de la visita y de la habilidad de escoger oportunamente nuestras palabras. Lo que puede ser apropiado para decir o hacer en abstracto, puede ser que no vaya con la situación. Puede ser de ayuda pensar en la visita pastoral en cuatro segmentos: (1) una introducción para establecer el tono de la visita; (2) clarificar el propósito de la visita, la cual luego se desarrolla en; (3) el contenido de la visita; y (4) un hábil cierre de la misma. Generalmente,

INTRODUCCIÓN

una visita pastoral comienza hablando de temas superficiales, luego de unos más profundos y finalmente, se vuelve a lo superficial. Inicialmente, el paciente es tomado por sorpresa por la visita de un pastor y quizás se pregunte "¿Qué hace él aquí?"

La introducción de una visita no sólo debe incluir el nombre del visitante (algunas personas que han dejado de asistir a la iglesia no recuerdan cómo pronunciar el nombre del nuevo pastor), sino que también debe proponer algún tema de interés común con el cual iniciar la visita. Generalmente, esta proposición consiste en una discusión del tiempo, un juego de béisbol, o algún otro tema en común. Este ofrecimiento de un comienzo superficial permite que los dos se sientan cómodos con la visita y alivia la tensión entre la dicotomía amenaza/consuelo que siempre produce la presencia de Dios.

El problema es que el segmento de la introducción generalmente nunca avanza al siguiente segmento, y los pastores regresan de la visita sintiendo que nada pasó. Algunos pastores optan por tener una lectura bíblica o una oración cuando no está pasando lo esperado en la visita. Aunque un devocional es casi siempre apropiado, el pastor debe saber cómo hacer que la visita pase de ser una discusión superficial a una más profunda. Esto ocurre cuando el pastor clarifica el propósito de su visita (por general que sea) como por ejemplo al decir: "Estaba preocupado por ti y quería saber cómo estabas." Esta invitación genuina de decirle al pastor cómo están las cosas le da la oportunidad al que sufre de compartir su vida con el pastor a un nivel más profundo.

El contenido de la visita, el tercer segmento, consiste en expresar sentimientos y pensamientos. Cuando el que sufre expresa sus sentimientos con lágrimas, rabia u otra emoción, el pastor no debe interrumpir. Generalmente, la interrupción de emociones fuertes bloqueará una posterior expresión de emociones por parte del que sufre. El mensaje que el pastor comunica al interrumpir es "el pastor quiere que yo pare este desbordamiento emocional, así que mejor no digo nada más".

Cuando termina el flujo de emociones, el paciente puede, con la ayuda del pastor, pasar de sentimientos intensos a pensamientos profundos. Los que sufren necesitan pasar de los sentimientos a los pensamientos para profundizar su entendimiento de la vida con Dios. Tanto el aprender como la catarsis deben ocurrir, y enseñar es siempre una parte del cuidado pastoral hacia el enfermo.

El cuarto y último segmento de la visita pastoral, la conclusión, es la más crítica en el cuidado pastoral. La despedida de la visita debe ayudar al que sufre a atar bien los cabos sueltos, y esto sólo lo puede lograr si deja todo en las manos de Dios hasta que llegue una solución futura de los problemas.

Al concluir la visita, se debe revisar sobre qué trató la visita, dando oportunidad al paciente quien puede querer decir algo más de lo que le dijo anteriormente al pastor. He tenido pacientes que me han preguntado: "¿Está bien que le haya dicho estas cosas?" Con esta pregunta quieren saber si aprovecharon correctamente la visita. "¿Estuvo bien que llorara o dijera cosas que traicionan mis temores y deseos?" Asegúreles que eso está bien, que no hay ningún problema en el hecho de convertirlo en su confidente.

Uno de los elementos con que se debe cerrar la visita es la oración, en la que el pastor ata los cabos sueltos (no se trata de introducir temas de los que no hablaron), ya sea como un resumen o como una manera de encomendar todas las cosas a Dios. Me gusta pensar que la oración al final de una visita es una forma de encomendarle esa persona a Dios cuando me voy. Sólo bajo circunstancias extremas un pastor deja a un paciente sintiendo los cabos sueltos. El pastor va a querer ayudar al paciente a que resuma su día con una nueva visita y la bendición: "Ve en paz y sírvele al Señor."

El paso de los años: los ancianos

¿Qué significa ser anciano? Aunque es difícil para nosotros identificar el tiempo en el que comenzamos a envejecer, hay días en los que, como adultos, nos damos cuenta de que estamos pasando por esa etapa. Una amiga de 79 años se queja de que se le están olvidando las cosas y yo un hombre de 55, admito que no puedo recordar cosas tan bien como cuando estaba en mis 20. Ella se rehúsa a escuchar esto y protesta: "¡Eres muy joven para olvidar!" No obstante, cuando llegamos a los 40 estamos conscientes de que nuestra vitalidad menguante nos está llamando a una dulce paz (que sentimos mucho más agradable a medida que pasan los años). Pero, como solía decir mi padre, aún en sus 90 después de bailar toda una noche con mi madre de 80 años: "Eres joven siempre y cuando te sientas joven." Sospecho que para algunos, aún cuando una persona físicamente no está capacitada para bailar, todavía tienen ese niño dentro de ellos que los hace sentir jóvenes al menos en algunas ocasiones.

Para nuestros propósitos, aunque difícilmente una conclusión para los que tienen entre 40 y 50, la edad de 65 será la que identificaremos como el comienzo de la "vejez", ya que a esta edad la persona está jubilada, una nueva fase de la vida que se caracterizará por los problemas físicos que trae la vejez. Los administradores del hospital consideran los 65 años en adelante como la edad de la mayoría de los pacientes. En las reuniones planificadas de la comunidad, los pastores se refieren a las personas de esta edad como jubilados, y se ha reconocido que dentro de un par de años visitar a estas personas ocupará una parte importante del ministerio pastoral. Aunque los avances en la medicina le han alargado la vida a muchos que pudieron haber muerto, el hecho es que la mayoría morirá con mucha más edad, pero con las mismas enfermedades que han sido postergadas, como el cáncer o enfermedades del corazón.

El ministerio a personas mayores con enfermedades crónicas requiere una apreciación por la teología de la cruz, ya que es aquí donde vemos que se hace perfecto el poder de Dios en medio de las debilidades. C. S. Lewis, reconociendo su propia mortalidad, lo refleja muy bien al escribirle a un viejo amigo: "Sí, el otoño es la mejor estación; y también creo que la vejez es la mejor parte de la vida. Pero, claro, al igual que el otoño, no dura mucho tiempo."[1] La vejez anticipa la muerte.

Algunos años antes de que tuviese una pequeña intervención quirúrgica, en la Unidad de Cuidados Intensivos se encontraba una mujer de 100 años que necesitaba urgentemente a un cirujano que atendiera su caso de irritación en la vejiga. El cirujano, quien se negaba a operarla por su edad, trató de convencerla de tomar analgésicos y de que se acostumbrara a vivir con su enfermedad. Pero mirando a los ojos del que tuvo que haber sido un hombre joven para ella, le dijo: "Joven, en tres meses cumpliré 101 años y quiero vivir para celebrar ese cumpleaños." La señora fue operada, se recuperó y vivió para celebrar ese cumpleaños, y muchos más.

¿Hay alguna razón por la que nosotros como sociedad debemos dejar de ofrecer cuidado médico y vida a los ancianos? Algunas sociedades de hoy en día lo han hecho. Trataremos extensamente este tema en el capítulo sobre la ética médica. Por ahora la pregunta es "¿El cuidado pastoral a los ancianos es sólo una cuestión de consuelo, o hay desafíos pastorales más profundos aún que lograr para este grupo de pacientes?"

LOS ANCIANOS DE HOY EN DÍA

¿Quiénes son estos ancianos de ahora que cada vez más forman una gran parte de nuestra población y cómo podemos seguir cuidando su crecimiento espiritual en medio de la enfermedad y la salud?

Los expertos demográficos nos han dicho que la mayor parte de la población está formada por ancianos y no por cualquier otro grupo de edades. Ahora, debido a que los ancianos no están metidos en el gran mundo de los negocios, muy rara vez los consideramos como aquellos que mueven

---

[1] C. S. Lewis, *Letters of C. S. Lewis* (New York and London: Harcourt Brace Jovanovich, 1975), 308.

y agitan a nuestro mundo. Posiblemente el mundo de los negocios los vea como el mercado para hacer dinero, pero en los negocios muy rara vez se busca la sabiduría, experiencia o perspectiva de los ancianos. De hecho, los ancianos son vistos como un problema para ellos mismos y para otros que creen que agotarán el Sistema de Seguro Social y lo poco que queda por los enormes costos que generan en salud. Otros piensan que los ancianos se convertirán en una carga personal de tiempo y atención porque requieren del cuidado de los que los aman.

Lamentablemente, vivimos en una cultura que cada día ve más a los ancianos como una carga y no como un beneficio. Es por ello, que es importante que la iglesia confronte a nuestra cultura para que proteja a los ancianos, los valore más, y para que haga un llamado al resto de nosotros a que estemos dispuestos a llevar la carga de cuidarlos. En una cultura que mide el valor propio con lo que producimos, la iglesia ofrece un mensaje diferente en el que el valor humano tiene que ver más con lo que Dios ha hecho por nosotros en la cruz y en nuestro Bautismo que con lo que tratamos de lograr o producir en esta vida. Los ancianos nos recuerdan que vivimos por gracia y no por méritos humanos. En resumen, los ancianos nos recuerdan la teología de la cruz, la cual por sí sola complementa nuestras vidas.

Los ancianos como siervos de Cristo

Desafortunadamente, en la actualidad muchos de los ancianos en nuestras iglesias se sienten más contentos viajando a Las Vegas, jugando bingo o asistiendo a eventos sociales patrocinados por la congregación que participando en la vida activa de la iglesia. Posiblemente, como se ven a sí mismos como aquellos que merecen ser libres de responsabilidades y obligaciones y están atrapados por el amor al ocio, se excusan de ser considerados seriamente en importantes planificaciones y participación en la iglesia. Y si se enferman o se van a pasar el invierno en Florida, posiblemente lo piensen dos veces antes de involucrarse seriamente en la iglesia.

Sin embargo, los ancianos, aún en sus momentos de incapacidad o viaje, son un tesoro dentro de la iglesia. Tienen una perspectiva única que ofrecer a otros sobre la importancia de la vida espiritual porque han comenzado a preguntarse cuántos años de gracia Dios les está dando para completar su plan para con ellos.

En los desafíos presentados en el cuidado pastoral existe una oportunidad para ayudar a los ancianos a que junten cabos sueltos de sus vidas a fin de que el resultado sea un testimonio y una fuente para otros que necesitan de una persona sabia con una larga perspectiva de la vida en tiempos de dificultades. En resumen, el cuidado pastoral no sólo tiene el objetivo de consolar al anciano sino también de desafiarlos a que se vean como una fuente de sabiduría y de fe. El cuidado pastoral les pide a los ancianos que nos den a todos una perspectiva que sólo ellos tienen, ya que han completado el círculo que va desde el nacimiento hasta la puerta de los cielos.

ASPECTOS DEL DESARROLLO DE LOS ANCIANOS[2]

Si los ancianos deben ser vistos como una fuente de sabiduría, y como personas a las cuales recurrir, algo debe pasar con ellos en su larga vida para que sean considerados de tal forma. La sabiduría y la perspectiva santa no comienzan espontáneamente en la vejez; estas virtudes comienzan con la perspectiva santa que Dios da a lo largo del camino de la vida. Es importante que cada día crezcamos espiritualmente desde nuestra juventud hasta la vejez para aprender a entendernos a nosotros mismos y a otros con relación a Dios. Debemos aprende a amar a Dios y a los demás, y finalmente amar más a Dios que a otras personas.

El desarrollo personal se inicia con lo que recibimos de nuestros padres, pero a lo largo del camino depende mucho más de las decisiones que tomemos valiéndonos de lo que nuestras familias para bien o para mal nos han dado. En la infancia, nos enfrentan al hecho de aprender el equilibrio entre la verdad y la desconfianza para que sepamos cuando debemos o no confiar completamente. En nuestra vida con Dios, esto permite un equilibrio entre la confianza absoluta en Dios y la entrega honesta de nuestras dudas en cuanto a su confiabilidad. ¿A dónde más podemos ir cuando dudamos del amor de otro si no es a aquel cuyo amor más necesitamos?

---

2   Erik H. Erikson, *Childhood and Society* (New York: W. W. Norton & Company, Inc., 1986) and Daniel J. Levinson, *The Seasons of a Man's Life* (New York: Ballantine Books, 1986).

La próxima tarea en nuestro desarrollo es aprender el equilibrio entre ser un individuo, y tener una duda sana sobre nuestra autosuficiencia. Somos más que una extensión de la vida de nuestros padres; Dios nos hizo individuos, responsables sólo ante él. Al mismo tiempo, un sentido sano de la duda sobre nuestra propia omnipotencia nos ayuda a reconocer nuestra necesidad de otros y de Dios.

La tercera tarea de la juventud involucra aprender a tomar la iniciativa manteniendo un sentido sano de los límites, aún cuando experimentamos culpabilidad al haber ido o estado tentados de seguir más allá. Esta tarea nos asegura que seremos capaces de correr riesgos razonables en la vida y también de saber cuándo retirarnos arrepentidos, ya sea por sufrir daños o caer en pecado.

En nuestros primeros años, necesitamos desarrollar la confianza en nuestra competencia para realizar tareas básicas de la vida diaria, tales como la habilidad de aprender o de ser capaces de comunicarnos bien. Al mismo tiempo, debemos aprender los límites de nuestras habilidades particulares y aceptarlas tranquilamente. Si nos apegamos a un sentido exagerado de nuestras propias aptitudes, será difícil imaginar en nuestras vidas la gracia en acción. Reconocer nuestros límites nos ayuda a comprender la gracia y posteriormente, nos mueve de la satisfacción enfocada en los logros, a disfrutar de las relaciones. Ésta es una de las características principales de llegar a la vejez, es decir, que nos movemos de "cosas" a personas. Es allí donde la sabiduría es compartida con los jóvenes, y la amistad con los amigos.

En la adolescencia pasamos gran parte de nuestro tiempo tratando de averiguar quiénes somos. La meta es identificar, a excepción de nuestros padres y del mundo que ya conocemos, quiénes somos para nosotros mismos pero con relación a Dios. Aunque los jóvenes necesitan separar su identidad de la de los padres, a veces rompen completamente la relación, y al hacerlo, también rompen la relación con Dios. Pero puede haber reconciliación con ambos, y esto también es parte del crecer en Cristo. Para tener sabiduría a medida que nos hacemos mayores, debemos identificarnos como hijos de Dios y reconocer que somos criaturas de Dios, nuestro Creador.

El desarrollo posterior que anticipa el comienzo de un buen tiempo en la vejez es el desarrollo de la capacidad de enfrentar la contradicción entre la intimidad y la soledad. Por un lado, debemos aprender a disfrutar la cercanía de las personas con las que podemos hablar y escuchar; y por otro lado, necesitamos desarrollar esa paz en tiempos de soledad.

Esto nos coloca en una buena posición para compartir nuestra sabiduría como un regalo para otros. Aún en mis 50, ocasionalmente me hace falta hablar con algún soldado mayor de la cruz, que me ayudará a pensar a través de mi propia vida en una forma que me lleve una y otra vez al pie de la cruz y a la paz que ella da. La necesidad de consejeros en la vida nunca termina. Ellos nos muestran a Dios como el único que siempre satisface nuestras necesidades.

Asumiendo que la demencia u otros problemas cognitivos no interfieren con el desarrollo en la vejez, llegar a una resolución pacífica para nuestras vidas y al contentamiento es la meta deseada en la vida. El cuidado pastoral a lo largo del camino hasta la ancianidad puede ayudar a una persona a llegar allí. Si esto no ocurre, habrá algún grado de desesperación. En este punto, hay poco que hacer; sólo queda asegurarle a los ancianos la gracia redentora de Dios y consolarlos con la presencia y el cuidado de Dios, y con la perspectiva de que la vida después de la muerte será mejor. Los ancianos que no han desarrollado confianza, autonomía, seriedad, identidad, capacidad de intimidad, o que no han servido a otros encontrarán virtualmente imposible experimentar un final complaciente de sus vidas. No obstante, "con Dios todas las cosas son posibles". La gracia se extiende hasta el final. Dios nunca nos abandona y no debemos abandonar a los demás; porque de tal manera amó Dios al mundo que envió a su único hijo a redimirlo.

El cuidado pastoral para el anciano narrador

Los pastores y otros que dan cuidado espiritual necesitan entenderse como personas que llegarán a la vejez para que puedan entender las necesidades de los ancianos. Como sugerimos anteriormente, todos nosotros necesitamos hacer que nuestras vidas tengan tanto sentido como podamos, y necesitamos verbalizar nuestro entendimiento en una historia que incluya a Dios y aquellas experiencias de sufrimiento que nos pueden formar o hacer decaer. (Envejecer por sí mismo puede ser una experiencia de sufrimiento ya que demanda mucho en el modo de aceptar los límites de nuestros cuerpos y mentes).

¿Cómo podemos hacer para ayudar a los ancianos a contar su historia? Comencemos por desarrollar la paciencia de escuchar por un largo tiempo. Algunas veces, los pastores se cansan de los ancianos porque cuentan repetidamente con detalles eventos del pasado en cada visita; pero toma meses, hasta años, para tener la historia correcta, y no es que no está pasando nada mientras se escucha. Hay excepciones en la regla de escuchar por largo tiempo, tales como cuando el anciano simplemente habla porque se siente solo y no quiere que la visita se vaya o porque se olvida de lo que dijo anteriormente. Cuando el pastor emite el juicio de querer o no escuchar, debe tomar en cuenta que hablar sobre la vida de uno mismo es crítico para los ancianos. La tarea del pastor es seguir preguntando: "¿En dónde ves a Dios en toda esta situación?" Esta pregunta ayuda al anciano a contar la historia completa en lugar de descansar en su sufrimiento. En sus cartas a los creyentes en Roma, San Pablo cuenta su propia historia y nos recuerda que "…sabemos que el sufrimiento produce perseverancia; la perseverancia, enteraza de carácter; la enteraza de carácter, esperanza. Y esta esperanza no nos defrauda, porque Dios ha derramado su amor en nuestro corazón por el Espíritu Santo que nos ha dado."[3]

El cuidado pastoral para el anciano afligido

Envejecer es un proceso en el que el anciano se aflige por las pérdidas que ocurren a diario. No sólo pierden a su pareja, familia y amigos en la muerte sino también sus habilidades y la fuerza física. El movimiento, la seguridad, los hábitos, la memoria –esas cosas que los jóvenes dan por sentado– comienzan a evadir a los ancianos. Cuando se afligen por estas pérdidas, pueden desesperarse, especialmente si no tienen una historia que dé sentido a sus pérdidas. Para el cristiano, aún las pérdidas apuntan a algo más esperanzador. En lo más profundo de nuestra pérdida está el recordatorio de San Pablo: "A la verdad, como éramos incapaces de salvarnos, en el tiempo señalado Cristo murió por los malvados."[4]

---

3   Romanos 5:3-5.
4   Romanos 5:6.

La teología de la cruz se hace más consoladora cuando aceptamos nuestra debilidad como la oportunidad de ver la fuerza de Dios en nosotros. Si la última pérdida en la vida es la muerte, entonces para el cristiano es ganancia ya que nos alivia de la debilidad y nos da una fuerza gloriosa que sólo Dios puede dar. Las demás pérdidas en la vejez son un recordatorio de esto y en lugar de desesperación, hay una esperanza creciente de que las cosas serán mejores en el "tiempo justo" de Dios. Los pastores pueden serles de ayuda a los ancianos al reconocer las quejas de una pérdida personal y no al tratar de consolarlos hablando de sus penas sino acompañándolos en ellas. La dificultad es que algunas veces los pastores están tan ocupados con tareas mundanas que piensan que dedicarles tiempo a los ancianos es una interrupción; pero debemos saber que nuestra tarea es atender al afligido. Los pastores representan la mano de Dios que toca suavemente al anciano en su aflicción y, desde la cruz, lo ayuda a levantar su mirada a Cristo, en donde la pérdida se convierte en victoria. Al ayudar al anciano en la aflicción por la muerte de su pareja o de un hijo, el pastor gentil y pacientemente lo desafía a que aprenda a amar a Dios más que a aquellos que ha perdido, a fin de que la esperanza por la eternidad se enfoque primero en Dios y luego en los seres queridos.

El cuidado pastoral para el anciano dependiente

En nuestra cultura se piensa que la dependencia es un demonio que debe ser evitado a toda costa. Podremos luchar con las excelentes distinciones entre dependencia, interdependencia y codependencia, pero el colmo es que temamos y tratemos de evitar ser dependientes de cualquiera. Este temor está reflejado en la hostilidad hacia los médicos y la institución médica, ya que la medicina nos recuerda que la enfermedad y la muerte nos hacen dependientes. Finalmente, tal dependencia de la gente también nos recuerda nuestra dependencia de Dios. Para el anciano, que ha sido una persona que ha triunfado en la vida por esfuerzo propio y confiado en sí mismo, arrodillarse ante Dios puede ser más que un problema de artritis. Para la anciana, que toda su vida ha cuidado a otros, dejar el control, y permitirle a otros que cuiden de ella puede ser más que un temor a tener que permanecer en cama.

Los pastores pueden ayudar a los ancianos a que aprendan a ver la dependencia como algo con lo que han vivido toda su vida y no lo sabían. El anciano dependiente necesita ver la vida desde la perspectiva santa de que lo que pensaba que era su independencia en la vida no era más que la gracia extendida generosamente. Todos nos resistimos a depender de Dios; esto es parte de la naturaleza humana pecadora. Pero los pastores pueden ayudar a los ancianos a despegarse suficientemente de ellos mismos y de la cultura para que enseñen a las jóvenes generaciones cómo depender de otros. La dependencia al pie de la cruz es un alivio y un gozo porque en la debilidad encontramos fortaleza. En esa fortaleza hemos superado el temor humano de la dependencia. Cuando el anciano obtiene esta sabiduría, tiene mucho que enseñarle a aquellos que se preocupan por él, porque Dios dice "mi poder se perfecciona en la debilidad."[5]

El cuidado pastoral para el anciano vulnerable

Cuando mis padres jubilados vivían en la costa Este de Florida, yo solía decir (en mis momentos cínicos) que dos tipos de personas vivían allí: los ancianos que tienen suficiente dinero y los más jóvenes que tratan de sacarle ese dinero a los ancianos.

Los ancianos son una presa constante para otros que se aprovechan de ellos y es entendible que la paranoia pueda ser una característica en ellos. Por ejemplo, los hijos adultos de una mujer anciana y adinerada, que fue paciente en nuestro hospital se presentaron ante nuestro comité de ética con una petición atrevida: "Nos gustaría que nos ayudaran a ponerle fin a la vida de nuestra madre." Más tarde nos enteramos que intentaron hacer lo mismo con su padre. Los ancianos son vulnerables, y hay momentos en los que necesitan ser protegidos aún de aquellos cuya responsabilidad es cuidarlos. Cada vez más se escucha que una forma de recortar los gastos de salud es recortando la vida de los ancianos. Los pastores deberán desempeñar tanto un papel profético como pastoral al intervenir por sus miembros ancianos.

Como los ancianos son vulnerables debido a la lentitud o a la pérdida del juicio a consecuencia del deterioro de su memoria, los pastores necesitan ayudarlos a aceptar ayuda y a permitir que otros, como amigos más

---

5   2 Corintios 12:9.

jóvenes, puedan asistirlos. Mi esposa y yo, por ejemplo, nos ocupamos por la profesora de piano de nuestros hijos, quien estaba en sus 90. De una forma agradecida, varias veces le preguntó a mi esposa "¿Por qué haces esto?" Éstas fueron oportunidades que mi esposa aprovechó para decirle: "Por que Dios te ama y yo también".

Cuidado pastoral para el anciano centrado en sí mismo

En la vejez, la vida parece concentrarse más en uno mismo una vez que nuestros amigos y familiares mueren y la soledad se convierte en algo cada vez más aceptable. Debido a que las tareas tales como cocinar, comer, bañarse y otras actividades básicas demandan mucho más tiempo y energía, se deja muy poco tiempo para la interacción con otros fuera de la casa. Aún en los geriátricos, los residentes muy raras veces dejan sus habitaciones, excepto cuando van a comer o a cumplir con actividades planificadas. Como resultado, el anciano puede parecer preocupado por sí mismo y puede resultar muy exigente ya que no es consciente del tiempo que demanda a los demás. Por esta razón, la visita pastoral se convierte en un punto importante para muchos.

Recuerdo haber visitado a una anciana de mi primera iglesia que parecía vivir por mis visitas semanales. Generalmente, la encontraba sentada en su cama en el geriátrico con su mejor vestido, cabellos peinados, una mirada ansiosa y fija a la puerta, esperando mi llegada. Las enfermeras me dijeron que era claro que mis visitas eran lo más importante de la semana y la razón por la que seguía viva.

Con una atención forzada en sí mismo debido a la cantidad de energía que demanda atender las tareas básicas de la vida, el anciano puede perder la perspectiva y llegar a extremos en algunos aspectos de su personalidad. Las personas que han sido adineradas pueden llegar a ser exigentes. Las personas alegres pueden cambiar y molestarse por cosas triviales. Al igual que los jóvenes, esperan que el mundo gire alrededor de ellos y se quejan porque sus hijos no les dan atención (aún cuando los hijos los llaman diariamente o visitan con frecuencia).

Es de ayuda para el anciano que exige más de lo apropiado que se le establezcan límites así como también a aquellos que se ocupan de ellos. El pastor que planifica visitar un día en particular y mantiene ese compromiso llena la vida de la persona anciana con una luz brillante. Al alejar más y más sus esperanzas de la preocupación por cosas triviales del cuidado personal, el pastor mueve la atención hacia el cuidado que Dios tiene para ellos en medio de sus frustraciones y debilidades. La presencia y el cuidado en el nombre de Dios, así como el apoyo a la perspectiva santa que lucha por mantener, forman parte del cuidado pastoral hacia el anciano.

UNA PERSPECTIVA SANTA PARA LOS ANCIANOS EN SUS ESTACIONES DE LA VIDA

Las estaciones del año ayudan a ver la vida, y en particular la vejez, desde la perspectiva de Dios, una perspectiva santa. El invierno, la primavera, el verano y el otoño llevan consigo sus propios recordatorios de la jornada de la vida y de la gracia de Dios en Cristo. En la desolación del invierno, cuando todo parece morir, Dios da vida. ¡Ha nacido un niño! Ésta es la teología de la Navidad y de la cruz: en la enfermedad y la pérdida experimentamos la presencia, el cuidado y la perspectiva de Dios. En la primavera, cuando la vida brota de la tierra, Dios nos da el Viernes Santo y la muerte de su Hijo en la cruz. La vida nace de la muerte. Así también el anciano puede decir junto a Pablo: "Para mí… el morir es ganancia." En el verano, cuando en lugar de recrearse y salir de vacaciones el anciano está lidiando con enfermedades crónicas y una debilidad creciente, el amor de Dios en Cristo aún irradia desde la cruz. Y en otoño, cuando el mundo anticipa la pérdida de su verdor y la muerte que trae el invierno, Dios apunta nuestra mirada más allá de la muerte, a la vida eterna. Las cosas no son como parecen cuando las vemos sólo con los ojos físicos. La muerte y la resurrección de Jesucristo han dado un giro total a todas las cosas; una nueva creación ha comenzado también para los ancianos.

6

Con la ayuda de la cruz: El SIDA[1]

Si envejecer no es una enfermedad, pero eventualmente nos lleva a la puerta de la muerte, el SIDA representa el lado oscuro de nuestra naturaleza caída, el lado que nos enfrenta con la muerte y que se asocia al comportamiento por el que Cristo nos ofrece perdón y reconciliación. Es decir, el SIDA se contagia principalmente por promiscuidad, ya sea homosexual o heterosexual, y por el uso ilícito de drogas. El SIDA se propaga como "el fruto del pecado" en un mundo caído.

Ciertamente, es importante notar la inocencia de los infantes nacidos con SIDA, esposas que han sido víctimas de esposos infieles, aquellos que contraen SIDA mediante transfusiones sanguíneas y otros que han sido infectados sin ninguna culpa. Aún así, el SIDA es contagiado principalmente por promiscuidad sexual y representa el pecado colectivo de un mundo caído. Vivimos en un mundo pecaminoso, pero un mundo en el que Dios ha llamado a los cristianos a predicar. Lo hacemos para que aquellos que se encuentran en la oscuridad puedan ver la luz, es decir, la cruz de Cristo, y la presencia, el cuidado y la perspectiva que ella trae a nuestras vidas.

---

1 "SIDA" quiere decir síndrome (un espectro de desórdenes y síntomas) de inmunodeficiencia (una caída del sistema de defensa del cuerpo, lo que produce susceptibilidad a ciertas enfermedades) adquirida (no heredada). Las personas con SIDA sufren infecciones inusuales que amenazan sus vidas y/o raras formas de cáncer.

El virus que causa SIDA también produce enfermedades menores pero debilitantes como parte de lo que se llama "Complejos relacionados con el SIDA".

El virus que produce el SIDA y las condiciones relacionadas con el SIDA se llama ahora Virus de Inmunodeficiencia Humana (VIH). Se conoce popularmente como HIV por sus siglas en inglés. Éste es un retrovirus que debe vivir y reproducirse dentro de células humanas. Es extremadamente frágil, y no sobrevive mucho tiempo fuera del cuerpo.

Hay dos posibilidades que parecen permitirnos evadir el tema del SIDA: Que Dios en su gracia nos ofrezca una cura para el SIDA y así no tengamos que tratar más ese tema, o que el SIDA continúe y sea visto como una enfermedad divorciada del comportamiento moral, cosa que ya está ocurriendo. Bajo la presión del relativismo y de los valores del pluralismo, muchos han suspendido su juicio y han decidido no mirar estas opciones o las crisis de fe que produce el SIDA. Pero el SIDA presenta una crisis de fe tanto para el pastor como para el paciente. El pastor tiene que escoger entre pedir arrepentimiento o permanecer en silencio, y el paciente con SIDA debe escoger entre arrepentirse o evadir el arrepentimiento. Aquellos que ofrecen cuidado pastoral deben "amar al pecador, pero odiar el pecado". El pastor se sentirá aliviado sino tiene que tratar con el SIDA y sus implicaciones morales, pero será un pecado tomar el SIDA como un mero proceso biológico separado de la responsabilidad moral. La oportunidad de descubrir la vida como Dios quiere que sea vivida en la integridad del cuerpo y el espíritu, está en juego. La mayoría de las discusiones sobre el SIDA omiten este tipo de cuidado espiritual. Es por ello que este capítulo tratará de ayudar al pastor a que relacione el amor de Cristo como está expresado en la teología de la cruz para aquellos con SIDA que necesitan la presencia, el cuidado y la perspectiva de Dios.

EL SIDA: SIN LA AYUDA DE LA CRUZ

El primer caso de SIDA fue reportado en los EE.UU. en 1982. En los diez años siguientes murieron 150.000 personas y otras 220.000 fueron infectadas con el VIH. Se estima que hay 1,3 millones de infectados con el VIH en Norteamérica (datos de 2007).[2] Aunque inicialmente se lo presentó como una enfermedad entre homosexuales, en África se presentó como una enfermedad entre heterosexuales. En África meridional se calcula que hay 22,5 millones de personas –adultos y niños– que viven con VIH, lo que ha producido 1,6 millones de muertes.[3]

La respuesta humana al SIDA ha cambiado el espectro: de la compasión a la neutralidad y de la neutralidad a la hostilidad. En los primeros años del descubrimiento del SIDA, el departamento de cuidados de nues-

---

2 Sitio Internet de la World Health Organization, 2007 Aids Epidemic Update.
3 Ibíd.

tro hospital espontáneamente se dirigió a la comunidad de homosexuales para que nos dijeran cómo responder a esta situación.

Sin embargo, es una suposición falsa que los expertos son aquellos que experimentan algo y por lo tanto, saben como enfrentar la situación. Fuimos engañados cuando la comunidad de homosexuales nos dijo que eran los gérmenes y no el estilo de vida los que causaban el SIDA. Aún hoy en día, pocos desafían esta evasión moral por temor a ser acusados de homofobia o prejuicio sexual. Sublimamos la intuición, la cual pone un alto a esta explicación errónea y simplista. A medida que la atención se vuelve hacia el "control de la infección", las preguntas morales se han dejado de lado. Los pacientes con SIDA son tratados de la misma forma que otros pacientes con enfermedades contagiosas. Como resultado, se ignora la necesidad de reconciliación y los pacientes con SIDA no reciben cuidado espiritual. Claramente, la responsabilidad moral y la necesidad de reconciliación no son tomadas en cuenta. La pregunta "¿dónde está Dios en todo esto?" es descartada y considerada como una actitud negativa que necesita una cura al igual que la enfermedad.

Una palabra sobre la homosexualidad

La homosexualidad ha estado entre nosotros desde tiempos antiguos pero nunca ha sido aceptada dentro de la ética judeocristiana. Su rechazo por cristianos está basado en el entendimiento de la distinción hecha por Dios entre el hombre y la mujer y la realidad correspondiente de Cristo y su iglesia como el novio y la novia. En Romanos 1, San Pablo asocia el comportamiento homosexual con la caída del mundo, una distorsión de la fidelidad a la que hemos sido llamados como hombres y mujeres en Cristo.

Actualmente, se ha discutido mucho sobre los orígenes de la homosexualidad, pero no se ha encontrado una evidencia clara ni objetiva que afirme que tenga que ver con los genes o con nada físicamente diferente a la heterosexualidad. Algunos esperan encontrar un cromosoma homosexual que les permita decir que la homosexualidad es una expresión sexual aceptable. Otros temen descubrir tal cromosoma porque ello llevaría, como dijo un homosexual, a "curarlo como si fuera una enfermedad". Pero el problema del origen o fisiología de la homosexualidad es irrelevante para los cristianos, ya que nuestra fuente de guía moral es la palabra de Dios y no la ciencia.

Freud fue el primero en proponer la idea de una orientación llamada "homosexual". Antes de Freud, el comportamiento homosexual estaba asociado con una desviación del comportamiento heterosexual. Esto se remonta a la Grecia antigua en donde esta idea se aplicaba en el ejército para crear un sentido de lealtad entre los soldados, de los cuales se esperaba que lucharan en defensa de sus amantes. Puede ser que Freud creó algo que no existe excepto donde la cultura lo haya creado, es decir la "personalidad homosexual". En cualquiera de los casos, la llamada orientación homosexual es aún una parte de la caída de este mundo, y el comportamiento que la expresa es también una cuestión de una elección moral. El cristiano homosexual que opta por el celibato debe ser apoyado y respetado. La iglesia necesita decir públicamente que la homosexualidad es pecado, y al mismo tiempo, pastoralmente alcanzar con amor a aquellos hombres y mujeres que necesitan de la gracia de Dios en Jesucristo para cambiar sus vidas.

El SIDA y los heterosexuales

No todos los pacientes con SIDA son homosexuales. Algunos son niños, cónyuges, o personas a las que se les han realizado transfusiones de sangre, que ahora están llenas de sentimientos de rabia y de traición. El cuidado pastoral hacia ellos no se enfoca en la necesidad del arrepentimiento por su forma de vida sino en la necesidad de perdonar a un cónyuge infiel o a aquellos en los hospitales que pudieron haber causado el contagio. Finalmente, estos pacientes pueden ser ayudados para que enfrenten la rabia que sienten hacia Dios. La rabia parece ser la respuesta predominante y comprensible pero se puede convertir en una amargura que requiere de cuidado pastoral.

¿DÓNDE ESTÁ DIOS EN TODO ESTO?

La pregunta es para cada pastor y para cada persona que da cuidado espiritual, que entiende la vida abundante que Dios quiere para nosotros y para quien desea dar cuidado espiritual a pacientes con SIDA: "¿Dónde está Dios en todo esto?" La ley de Dios establece límites que nos muestran nuestro pecado y nos señala a Dios; mientras que el evangelio nos ofrece perdón y reconciliación en Cristo. Ambos son ingredientes del cuidado pastoral, aunque la oportunidad y la sensibilidad apropiada para hablarles a las personas de la verdad son cruciales. La responsabilidad moral es parte del mensaje del cuidado pastoral en donde sea que la promiscuidad, el adulterio o la homosexualidad sean parte de la vida; pero es el evangelio el que da vida. Hablar de la verdad en amor algunas veces toma la forma de "amor duro", que puede parecer rechazo pero realmente intenta incluir a los pecadores en la sombra protectora de la gracia de Dios, la meta final del cuidado pastoral hacia personas con SIDA. Pero es extremadamente delicado y difícil saber cómo hablar de la verdad en amor a los pacientes con SIDA de tal forma que ellos la puedan escuchar apropiadamente.

Un caso específico

Un paciente recién diagnosticado con SIDA me pidió que lo visitara cuando tuviese tiempo. Este mensaje no transmitió ninguna urgencia y, ciertamente, dio a entender la inseguridad del paciente al pedir un pastor. Explicó que había estado viendo televisión y escuchó a un evangelista decir que todos los homosexuales van al infierno. "¿Es eso cierto?" me preguntó muy preocupado.

Hablar de la verdad con amor requirió una respuesta que le asegurara la gracia y que al mismo tiempo no ignorara su pecado. Ya que generalmente es de ayuda esperar tranquilamente aún hasta por el penitente para que no entierre sus necesidades más profundas, le pregunté: "Dime, ¿qué es lo que te preocupa de Dios?" Expresó dudas que revelaron culpabilidad por su estilo de vida homosexual. Sabía por mis experiencias pasadas que demostrar estar de acuerdo tan rápido puede ser agobiante, así que lo animé a que continuara. Habló, no directamente sobre la homosexualidad sino sobre la promiscuidad y apoyé su arrepentimiento.

El interés común de nuestra necesidad de perdón, seamos homosexuales o heterosexuales, nos reúne al pie de la cruz. Siempre he creído que mientras más busquemos algo en común en cuanto a nuestra necesidad de la gracia de Dios, más la encontraremos juntos en Cristo. Esta actitud no minimiza lo pecaminoso de un estilo de vida homosexual, pero nos previene de creernos justos y buenos.

Mi experiencia al trabajar con pacientes enfermos de SIDA ha sido que, como homosexuales, estos hombres comparten ciertas características de las cuales el pastor debe estar consciente. Por ejemplo, los homosexuales son por lo general inmaduros emocionalmente (casi siempre al nivel de un adolescente), se preocupan por una identidad sexual, son rebeldes con sus padres, y rechazan cualquier autoridad. Se aíslan y alejan de la comunidad, sus familias y la iglesia y prefieren la compañía de otros homosexuales.

La entrada de un pastor en la vida de un paciente joven hospitalizado con SIDA, en el momento en que su vida corre peligro, es casi siempre agotadora. Esta situación exige mucha más paciencia y compasión para alcanzar a estos pacientes con la verdad y el amor que con cualquier otra persona. El pastor de la comunidad que es llamado por los padres para visitar a un hijo homosexual se enfrenta con una asociación negativa en la mente del hijo aún antes de comenzar la visita. La carga de la prueba está en nosotros para amarlos más allá de su comprensión, desconfianza, y completa hostilidad.

La fe antes del cambio

Ya que el cuidado pastoral a los homosexuales con SIDA representa un desafío difícil para muchos pastores, les contaré mis propias experiencias en este cuidado pastoral. He conocido a muchos jóvenes homosexuales que han decidido vivir bajo celibato o han tratado de rechazar por completo su homosexualidad y encontrar apoyo para una nueva vida. Sin embargo, aprendí que estos jóvenes raramente experimentan amor y frecuentemente lo buscan en encuentros sexuales a pesar de sus planes. Muchas veces han sido apartados de sus padres y de otros que no son homosexuales; y aún en las relaciones con homosexuales es muy frecuente el intercambio constante de parejas. Así que decidí trabajar el amor con estos jóvenes, dándoles un modelo de amor sano fuera de las asociaciones sexuales. Traté de amarlos en los brazos de Dios.

Sin embargo, el amor necesita un nombre; y rápidamente se hace evidente que la fe en Jesucristo es la verdad que necesita ser hablada con amor. Sin ella, el amor se confunde con muchas cosas, como por ejemplo, la aceptación de la conducta homosexual. Es un error esperar que un homosexual nos escuche decir que la homosexualidad es parte de la caída de este mundo sin antes tener la fe de comprender esto. Es por ello que, para cualquiera que vive en rebelión contra Dios, la fe debe preceder cualquier cambio esperado basado en una atracción a los valores cristianos. La fe viene antes del cambio, ya que es el Espíritu de Dios y no la compasión humana la que transforma las vidas desordenadas. Ha sido siempre una tarea pastoral presentar primero la fe cristiana en lugar de esperar cambios de comportamiento. Hacer lo contrario es convertirse en moralista y condenador. El Espíritu de Dios obra en la presencia, cuidado y perspectiva que llevemos, y la semilla de la fe es plantada cuando se proclama la palabra de Dios.

CUIDADO PASTORAL PARA LOS PADRES CON HIJOS CON SIDA

Los padres no esperan que sus hijos mueran antes que ellos. En el caso del SIDA y la homosexualidad, muchas veces hay un período de separación en el que el hijo se aleja de los padres por años antes de ser hospitalizado por SIDA, lo que causa que se vean nuevamente. Ocasionalmente, los padres desconocen la vida homosexual de su hijo y es devastador cuando se enteran de ello y de que su hijo tiene SIDA.

Los padres pueden reaccionar de diversas maneras. Generalmente se enojan y encuentran muy difícil la reconciliación. Las madres casi siempre son incondicionales en su amor. Ambos padres examinarán sus corazones y buscarán sus habilidades como padres y preguntarán: "¿Qué hicimos mal?" Es en este punto que la actitud pública hacia el SIDA y la aceptación de la homosexualidad les ofrecen una pobre ruta escapatoria. Los padres pueden escoger no manejar su molestia contra su hijo (o su culpabilidad) y simplemente aceptan la enfermedad como cualquier otra enfermedad, y les prestan poca atención al dolor y a la pérdida que sintieron antes ellos y su hijo.

Es de gran ayuda para el pastor sentarse con los padres en su casa y animarlos a que hablen de esas cosas. Guiarlos a que descubran el perdón para su hijo es mejor que decirles que sean tolerantes. Frecuentemente, la separación entre padres e hijos tiene una larga historia, y las visitas del pastor deben continuar después de la muerte del hijo. Es crucial para el pastor estar cerca para caminar junto a los padres en medio de la crisis y la muerte. Los padres necesitan encontrar fortaleza en la palabra de Dios y resistir unirse a aquellos padres que no ofrecen consuelo sino tolerancia.

EL SUICIDIO Y LA CRUZ

La ética del suicidio será discutida en el capítulo sobre la depresión, pero por ahora tomaremos en cuenta el cuidado pastoral de aquellos pacientes con SIDA que consideran el suicidio como una respuesta a su problema. Hay otras personas con enfermedades crónicas o terminales que también optan por el suicidio, pero los pacientes con SIDA son especialmente vulnerables debido al estigma y aislamiento que crea el SIDA. Primero se debe decir que cualquier paciente con SIDA que da una pista de suicidio debe ser considerado seriamente, ya que la comunidad homosexual le ha dado un carácter romántico al suicidio y lo ha llamado una respuesta "racional" al panorama del sufrimiento y la muerte por el SIDA. Al igual que todos aquellos que son suicidas potenciales, las amenazas deben tomarse muy en serio. Aquellos que ofrecen cuidado pastoral también deben conocer la posibilidad de que el paciente lo manipule con la amenaza de hacerse daño. Jesús nos exhorta a que seamos "astutos como serpientes e inocentes como palomas", pero la sabiduría práctica de responder a las amenazas suicidas tiene prioridad. Un pastor que trate de prevenir a un paciente con SIDA de cometer suicidio no se debe culpar si el paciente logra su propósito. Aquellos que quieren terminar con sus vidas siempre encontrarán una manera de hacerlo.

No obstante, hay algunas medidas preventivas que son de gran ayuda. No minimice las amenazas, pero hágale saber al paciente que usted cree que él puede hacer tales cosas si lo desea. Deje claro que usted no quiere que haga tales cosas. De hecho, muchas veces es suficiente prevenir un suicidio pidiéndole a la persona que prometa no hacerse daño y verlo nuevamente. Si el paciente está deprimido y parece que no puede dar una respuesta a lo que se le pide, trate de ponerlo en contacto con un psiquiatra para que le recete antidepresivos. La depresión, como lo veremos en otro capítulo, no es usualmente algo de lo que la persona "puede ser disuadida". Cualquier petición que le haga el paciente para que mantenga en secreto las amenazas de suicidio debe ser rechazada. Las promesas de hacerse daño o dañar a otros no deben ser incluidas en la confidencialidad de una visita, y eso se le debe decir al paciente cuando pida silencio. Cualquiera que sea la molestia que pueda tener el paciente con SIDA al romperse esa promesa se espera que se vea como una preocupación por el bienestar del paciente y no como una traición.

Si el paciente con SIDA consigue que un médico lo ayude con el suicidio recetándole cantidades letales de drogas, el pastor puede pedirle al paciente que no atente contra su vida. Su autoridad benéfica significa mucho. Aunque al final no pueda prevenir el suicidio, su preocupación, motivada por el amor, es un remedio poderoso y necesario para el aislamiento y abandono que el paciente sintió de parte de otros. Todo lo que generalmente se necesita para que una persona viva es que otra persona la cuide. Si esa persona que cuida es un cristiano que habla sobre las consecuencias espirituales del suicidio, el paciente tendrá mucha más razón para pensarlo dos veces. Frecuentemente, las personas que han tenido la intención de suicidarse me han preguntado si irán al infierno si se suicidan; y me han dicho que la única razón por la que no han terminado con sus vidas es por temor a la condenación. Nunca permito que haya falsa seguridad de que Dios entiende a los que se suicidan. Hacer eso es dar permiso. Los pacientes con SIDA piden ayuda a gritos, expresan miedo y rabia y se sienten solos cuando amenazan suicidarse. El cuidado pastoral que pueda dar un pastor amoroso, sensible y firme ofrecerá mucho más que cualquier otra cosa. Al mismo tiempo, el paciente con SIDA puede necesitar expresar su rabia contra Dios pero dirigiéndola al pastor. Tal rabia debe ser tomada como un grito por ayuda y necesita ser respondida mediante la consejería pastoral. ¿Hacia quién más podemos dirigirnos cuando estamos enojados sino a Dios? La respuesta del pastor al paciente con SIDA deberá incluir el compromiso de visitarlo regularmente hasta el final. Esto exige energía y fe en el único que dio su vida por nosotros para que en medio del sufrimiento y aún de la muerte seamos del Señor ahora y por siempre.

EL RIESGO DE QUE EL PASTOR SE CONTAGIE CON SIDA

¿Y qué si el pastor se contagia al estar en contacto con un paciente con SIDA? ¡Pregunta equivocada! La visita del pastor a un paciente con SIDA es más peligrosa para el paciente que para el pastor porque el paciente tiene sus defensas muy bajas. Si el paciente con SIDA es una amenaza para la salud del pastor, éste debe tomar las medidas apropiadas de control de infección, tales como el uso de mascarilla si es necesario y lavarse las manos después de la visita. El virus del SIDA no sobrevive fuera del cuerpo por mucho tiempo y puede ser destruido con facilidad con jabones antisépticos.

Durante la Plaga Negra de la Edad Media, el número más alto de muertes proporcional a la población general no fue sólo de médicos sino también de clérigos, por razones obvias. Los médicos y el clero eran llamados por Dios para cuidar al enfermo y al moribundo. Pero a diferencia de la Plaga Negra, el SIDA no es una enfermedad que se transporta por el aire y tampoco se transmite por un contacto casual. Aún si así fuese, ¿podría la iglesia dejar de cuidar a aquellos que necesitan la sanidad de Dios, que dura eternamente? Damos gracias por la oportunidad de llevar la palabra de Dios, a pesar de las dificultades relacionadas con los pacientes con SIDA y de poder llegar a ellos en amor con la mirada en la cruz.

EL SIDA BAJO LA CRUZ

El SIDA bajo la sombra de la cruz significa que no tenemos una cura temporal que ofrecer, pero sí una gracia eterna por la que Dios camina con el que sufre por el valle de sombras de muerte. El sentido de impotencia que sienten los pastores (junto con el llamado que tienen de alcanzar en amor al que sufre) demuestra lo que vivió Jesús por amor a nosotros. Así como Dios no nos abandona a pesar de la dificultad para llegar a nosotros o la probabilidad de nuestro rechazo, así también debemos llegar pastoralmente a aquellos pacientes con SIDA las veces que Dios nos enfrente con ese desafío. Lo que sea que se hace para dar asistencia en los hogares u hospitales, el cuidado pastoral es la única esperanza que reconcilia al paciente con SIDA con Dios y con aquellos de los que se ha alejado. Otras disciplinas pueden ofrecer la aceptación del homosexual, pero el cuidado pastoral ayuda al que sufre a encontrar la sanidad. Y la sanidad comienza con la necesidad de fe, así como ocurre con cualquier otra persona. En el contexto de la fe, el homosexual tiene la oportunidad de ver el sentido de la sexualidad como Dios quiere que sea. Es por ello que el llamado al cuidado pastoral es un don de Dios para los pacientes con SIDA.

7

En la cruz: morir

La instrucción en el cuidado pastoral del moribundo y de los dolientes requerirá capítulos separados ya que las necesidades de cada uno son diferentes. En este capítulo consideraremos el ofrecimiento del cuidado pastoral tomando en cuenta las necesidades espirituales del moribundo, pero primero, necesitamos entender la percepción actual de la muerte.

Los términos que nuestra cultura usa para referirse a la muerte nos ayudan a entender cómo es percibida. A las dos de la mañana, me telefoneó una enfermera desde la sala de emergencias: "Tenemos a una persona sin signos vitales ni respiración; ¿podría venir?" Con esta descripción extraña de lo que muchos llamaríamos una persona moribunda, siempre estoy tentado de preguntar: "¿Qué tipo de criatura es? ¿A qué se parece? Cuando una persona muere, los hospitales usan una gran variedad de términos descriptivos: desde "expiró" (la metáfora de una suscripción que llegó a su fin), "fallecimiento fatal" hasta "el paciente murió". Tal disparidad refleja el divorcio de lo clínico y lo humano, tal como se describe la difícil alianza entre la medicina y la religión en la actualidad. Recuerdo la primera vez que escuché el anuncio de un médico sobre una muerte. Una pareja de adolescentes sufrió un accidente automovilístico debido al consumo de alcohol. La joven sobrevivió pero su amigo murió. El médico le informó lo ocurrido diciéndole: "No sobrevivió al accidente". Aunque trató de suavizar la muerte al evitar la palabra "murió", la pena de la joven fue la misma.

LA NEGACIÓN CONTEMPORÁNEA DE LA MUERTE

Al aplicar la descripción de Paul Tillich de las ansiedades antiguas, medievales y modernas, Peter Kreeft de la Universidad de Boston dice: "La mentalidad antigua pre-cristiana aceptaba la muerte (y era fatalista);

EL CUIDADO PASTORAL EN SITUACIONES ESPECÍFICAS

la mentalidad cristiana medieval la desafiaba (creía en la resurrección); y la post-cristiana la niega (la mira de lejos como a un extraño)."[1] Kreeft continúa diciendo: "Durante siglos, la gente oró que Dios los libere 'de la muerte súbita e imprevista'. Le temían más a *no* pensar en la muerte que a la muerte misma. Actualmente, la gente espera una muerte 'súbita e imprevista' para no tener tiempo de pensar en ella. ¡Le temen más a pensar en la muerte que a la muerte misma!"[2]

El problema que enfrentan los pastores hoy en día es que la gente se enfrenta cara a cara a la muerte cada vez más desprevenida como consecuencia de una cultura que pospone indefinidamente cualquier pensamiento sobre la muerte. Hasta los cristianos, cuando confiesan "la resurrección del cuerpo", generalmente evitan pensar mucho sobre la muerte y temen que el pastor comience una discusión abierta sobre ese tema.

En todos mi años como capellán de hospital, recuerdo sólo unos pocos pacientes que por iniciativa propia hablaron abiertamente de sus necesidades espirituales en su lecho de muerte. (En casi cada caso inicié tales conversaciones). Bill, de 30 años, con un peso de 150 kilos y cuya esencia de la vida la encontró en "mujeres, alcohol, y velocidad" pidió la visita de un capellán. Cuando entré al cuarto, estaba sentado en la orilla de la cama, luchando por respirar. Bill tenía cáncer pulmonar. Después de unos minutos, le pregunté "¿Qué puedo hacer por ti, Bill?" Su respuesta fue clara: "No quiero ir al infierno." Aunque rechazó la fe cristiana durante gran parte de su juventud, ahora quería "hacer las paces con Dios". Poco antes de su muerte le dijo a su madre por teléfono: "¡Mamá, creo, creo!" Y el día de su muerte, cuando su madre y yo nos sentamos cerca de él, estaba claro que Bill *sí* había creído y estaba preparado para morir.

Otro paciente que claramente expresó su deseo de hablar sobre sus preocupaciones espirituales en su lecho de muerte fue el homosexual con SIDA de 45 años. Me pidió que "lo ayudara a encontrar su camino de regreso a Dios". Sin embargo, a medida que pasó el tiempo y la muerte pareció inminente, su interés por encontrar su camino de regreso a Dios disminuyó.

---

1 Peter Kreeft, *Love Is Stronger Than Death* (San Francisco: Ignatius Press, 1992), 22.
2 Ibíd.

Otro paciente que abiertamente habló de su incredulidad, transmitió claramente la actitud moderna que niega la muerte: "No pierda su tiempo conmigo. Aprecio su atención pero no creo en Dios y estoy seguro de que hay otros que lo necesitan más que yo."

Las personas de hoy en día creen que la manera de enfrentar la muerte con valentía es negando que tiene algún significado. Así suene extraño, para muchos, ya no es fácil admitir que la muerte es una mala noticia. Al no estar preparadas para enfrentar la muerte con honestidad y sin la ayuda de otros que ven la muerte como es, las personas no tienen otra opción más que rechazar la realidad de la muerte mediante la negación. Esto explica por qué el cuidado pastoral algunas veces debe tanto confrontar como consolar. Hasta los pacientes que están cerca de la muerte generalmente no quieren estar preparados para encontrarse con Dios y por ello, gastan sus energías negando su inminente muerte. Un paciente desarrolló la técnica evasora más sofisticada que yo haya visto. Cada vez que lo visité, me suplicó que le consiguiera una cita con la enfermera que lo atendía.

LA MUERTE COMO NATURAL CONTRA LA MUERTE COMO ENEMIGA

Aunque "las buenas nuevas del cristianismo afirman responder a las malas nuevas de la muerte",[3] hoy en día muchos escogen seguir al antiguo filósofo griego Sócrates quien dice que la muerte es algo natural, un amigo. Al contrario, Jesús vio la muerte como un enemigo al que había que temerle. Mientras que Sócrates parece que murió por sus propias manos con una aparente paz mental, Jesús, en el Jardín de Getsemaní, resistió la muerte y sudó sangre por la ansiedad que sintió. Él sabía que la muerte era la paga del pecado, el juicio de Dios. Aún en la cruz exclamó: "Padre, ¿por qué me has abandonado?"

Por otra parte, la doctora Elizabeth Kübler-Ross en su libro *Death and Dying* (La muerte y el morir), encontró un mercado receptivo con su "cómo" acercarse al misterio de la muerte. Como una moderna Sócrates, Kübler-Ross ha persuadido a nuestra cultura a que vea la muerte como algo natural y hasta deseable en lugar de verla como "la paga del pecado". A veces hasta los cristianos confunden este tipo de negación ("muerte

---

3   Ibíd., 23.

como natural") con la enseñanza cristiana que cree que aquellos que mueren están "durmiendo en Jesús",[4] esperando que él los despierte en el Día Final. Una visión realista y por ende salvadora de la muerte debe primero considerar la muerte como enemiga, y sólo después se considera como un dormir que no tiene poder sobre aquellos que duermen en Cristo. Porque sólo la muerte como "la paga del pecado", y la victoria de Jesús en la Pascua de resurrección sobre ella, proporcionan verdadera paz y esperanza.

LAS NECESIDADES HUMANAS DEL MORIBUNDO

Para superar el rechazo a la muerte, es importante entender las necesidades humanas y espirituales. En esta sección tomaremos en cuenta las necesidades humanas del moribundo. Todas las personas, cristianas y no cristianas, tenemos algunas necesidades básicas que emergen en el momento de la muerte, incluyendo la necesidad de lamentar nuestra pérdida de la vida y de los seres queridos que dejaremos atrás, la necesidad de resumir la vida y de descubrir su significado en el amplio espectro de experiencias y la necesidad de vivir la muerte solo. Si el moribundo no puede admitir estas necesidades y enfrentarlas, tratará de protegerse negando que la muerte sea una amenaza.

El cuidado pastoral ayuda a que el moribundo enfrente estas necesidades humanas al enseñarle que es legítimo presentárselas a Dios. Aunque pueda parecer que Kübler-Ross presenta las necesidades del moribundo, ella se basa en la suposición de que la forma de controlar los temores es sólo a través del entendimiento de la dinámica. Nunca he visto a un paciente moribundo consolado por esto. El consuelo viene del mensaje del cuidado pastoral que hace la conexión entre las necesidades humanas y Dios. Esta necesidad de Dios lleva al que ofrece cuidado pastoral a abordar las necesidades espirituales del moribundo.

Las necesidades espirituales del moribundo

Las dos realidades más temidas y, por lo tanto, evadidas de la vida en nuestro tiempo son las realidades de debilidad (o pérdida de control) y de dependencia. Nuestra cultura valora la autodeterminación como el mayor bien y considera la debilidad como una gran amenaza. Nuestra cultura

---
4   1 Tesalonicenses 4:14.

valora la autonomía como la primera prioridad y etiqueta el depender de otros como "humillante y deshumanizante". (En un próximo capítulo veremos cómo este mensaje lleva a opciones cuestionables desde el punto de vista ético en el cuidado médico del enfermo y del moribundo).

El testigo cristiano de cada generación debe hablarle a los grandes temores de las personas. Es por ello, que el cuidado pastoral en nuestro tiempo debe comenzar con los temores de debilidad y dependencia de las personas, temores que aumentan en el momento de experimentar nuestra propia enfermedad terminal o la de otro. Como alguien dijo una vez: "Todos tenemos una enfermedad terminal." Una madre y esposa de 51 años, diagnosticada con cáncer, tratada con quimioterapia y enviada a su casa en menos de una semana, necesita cuidado pastoral. El hecho de que parezca manejar la situación no significa que ya comenzó a enfrentar la pérdida de control sobre su vida y su necesidad de recibir cuidado en lugar de cuidar a su familia. Su mortalidad le hizo recordar a sus familiares y amigos que todos viven por gracia. Sus vidas penden de una amenaza. Una solución para esta debilidad no está en nosotros sino en el cuidado que Dios tiene para nosotros. Un pastor le recuerda tanto a la mujer moribunda como a aquellos cercanos a ella que es bueno estar bajo la misericordia de Dios. Ésta es la teología de la cruz. Es en medio de la muerte que tenemos vida. En medio de nuestra propia debilidad, un ayudante camina a nuestro lado, uno que ha transitado antes que nosotros por el camino de la muerte.

Aunque es cierto que las personas en la actualidad pueden temerle más a la debilidad y a la dependencia de la muerte que a la misma muerte, el cuidado pastoral debe enfocarse en la preparación para la eternidad y en consolar al moribundo. La ventaja de predicar a aquellos que saben que morirán pronto es que sus temores están tan cerca de la superficie que pueden ser sustituidos o mitigados por mecanismos superficiales de cómo manejarlos. Al ayudarlos a verbalizar sus temores, el pastor puede animarlos y apoyarlos a que vean honestamente cómo está su relación con Dios. Y aún cuando las personas pueden reflejar la creencia cultural rápida y fácil en la inmortalidad de cualquier forma, podemos acompañarlas por su "valle de sombras de muerte" con todos sus temores amenazantes, señalándoles que Jesús murió para conquistar la muerte y nuestros justificados temores. Hacer esto requiere de bondad y de la habilidad de escoger el tiempo oportuno. No se justifica ni es efectivo asustar a una persona para que llegue a la fe. Al contrario, debemos ser "astutos como serpientes e inocentes como palomas". La habilidad del pastor de ayudar a que una persona vea sus miedos comenzará cuando pueda sentirse tranquilo con sus propios temores. Las personas pueden sentir cuando el pastor es honesto consigo mismo o si sólo está valiéndose de técnicas para quitar sus temores. Si sienten que es honesto, comenzarán a hablar de sus propios temores.

El temor a la muerte

Los cristianos no están exentos de temerle a la muerte. No es falta de fe para el cristiano temerle a la muerte; así como tampoco fue para Jesús en el Getsemaní desear vivir en lugar de morir. Los cristianos también le temen al sufrimiento que precede a la muerte. La belleza de la agonía de Jesús y de su sangrienta muerte es que enfrentó lo peor de nuestros temores y demostró que al final no tienen ningún poder. En lugar de negar nuestros temores y pretender que la muerte es algo natural, los cristianos pueden reconocer sus temores y necesidades más profundas. Los cristianos pueden enojarse frente a la muerte, porque reconocen que no debería ser de esa forma. La muerte no fue lo que Dios tenía para nosotros cuando creó el mundo. Generalmente, los moribundos expresan su rabia contra aquellos que los rodean o contra ellos mismos, pero algunas veces la dirigen a Dios. De hecho, es una meta del cuidado pastoral animar las quejas hacia Dios, aún en la forma de rabia. ¿A quién más podemos dirigirnos cuando estamos frustrados o asustados sino a Dios? Dios puede hacerse cargo.

Muchas veces, en lugar de verbalizar sus temores y rabia a la muerte, los cristianos encierran sus sentimientos, lo que se convierte en depresión. Tal depresión no debe ser igualada a la pérdida de fe. Un pastor que regularmente visita a una persona con una enfermedad terminal y escucha pacientemente puede animar al moribundo a que distinga los sentimientos de la fe y a que verbalice los sentimientos, con la seguridad de que la rabia y el temor no borrarán su relación con Dios.

Cuando el pastor predica a personas moribundas que están asustadas, con rabia o deprimidas, y les ofrece la Santa Cena, está alimentando la fe del moribundo en una forma que el consuelo humano no puede hacerlo.

Al comer y beber de Dios, están recibiendo la fortaleza para caminar por el valle de la muerte.

La teología de la cruz

En ninguna parte más que cuando se predica al moribundo es evidente que el sufrimiento y la muerte de Jesús están en el corazón del cuidado pastoral. Los cristianos no necesitan que la cultura que niega la muerte la interprete por ellos, sino el Señor mismo, ya que enfrentó la muerte en la cruz por nosotros. La muerte de Jesús es transmitida a nosotros a través del Bautismo. Como dice Pablo: "¿Acaso no saben ustedes que todos los que fuimos bautizados para unirnos con Cristo Jesús, en realidad fuimos bautizados para participar en su muerte? Por tanto, mediante el bautismo fuimos sepultados con él en su muerte, a fin de que, así como Cristo resucitó por el poder del Padre, también nosotros llevemos una vida nueva."[5] Y "…nuestra vieja naturaleza fue crucificada con él."[6] Y nuevamente: "Pues ustedes han muerto y su vida está escondida con Cristo en Dios."[7]

Es muy importante que los cristianos entendamos esta conexión entre el Bautismo y la muerte de Jesús. El Bautismo es la señal de la victoria de Cristo sobre la muerte. Pero más que una señal, el Bautismo también transmite la gracia inmerecida de Dios para con nosotros; cuando aún estábamos indefensos como niños, en nuestro Bautismo Dios nos incluyó en su victoria. Cuando Cristo murió en la cruz, nosotros morimos con él. Cuando resucitó de la muerte, derrotó la muerte por nosotros. Desconectó el poder de la muerte de dañarnos, convirtiéndola en un tirano frágil y vulnerable. Ahora Dios nos llama a que vivamos esa victoria por fe a lo largo de nuestra vida.

El cuidado pastoral les recuerda a las personas que la victoria sobre la muerte ya es de ellas; la muerte no puede destruir al pueblo de Dios en el infierno. Lo que es de mayor importancia en el momento de la muerte no es el sufrimiento que precede la muerte, sino el eterno sufrimiento después de ella, el resultado de haberse separado de Dios. Tampoco es que le tememos a lo que no sabemos de la muerte, sino que al contrario, en algún nivel

---

5   Romanos 6:3-4.
6   Romanos 6:6.
7   Colosenses 3:3.

espiritual profundo realmente le tememos a lo que sabemos, es decir, a la muerte como la paga del pecado.

La muerte de Cristo interpreta correctamente la muerte: la muerte, nuestro enemigo, nos deja vulnerables y sin control. La muerte es la consecuencia de ser parte de un mundo caído, en donde la condición implícita por alejarse de Dios es tan fuerte que nos destruye. Al vivir en un mundo caído, a los cristianos les queda enfrentar el poder limitado de la muerte de matar al cuerpo mas no al alma. Al hablarles a los moribundos de sus Bautismos, los pastores les están recordando que sólo sufrirán una muerte física antes de alcanzar satisfacción en la eternidad.

La necesidad de morir solos

Los pastores deben esperar que el moribundo se aparte de sus seres queridos mientras se prepara para morir solo. Primero, una persona moribunda comúnmente se aleja de su círculo de amigos y de la comunidad, y la familia cobra un significado mayor. A medida que la enfermedad avanza, el moribundo generalmente buscará a un familiar en particular para que lo cuide, y luego puede que sólo responda a esa persona. Puede ser que los familiares no entiendan por qué la persona querida que está muriendo ya no les habla, pero una vez que él o ella haya dicho lo que necesitaba decir, ya no será imprescindible o posible seguir la comunicación. Las relaciones de mucho tiempo decaen y sólo existe una relación que es la que más necesita la persona moribunda, la relación con Dios, con quien al final se enfrenta solo.

Casi siempre, el pastor acompaña al moribundo junto con sus familiares. Ofrece consuelo espiritual que ayuda a que el moribundo aprenda a estar solo con Dios mientras el final se acerca. Cuando mi padre estaba muriendo en el hospital, se despidió de su familia a su manera. De allí en adelante, centró su atención en mí por ser, según él, el único que conocía lo que necesitaba desde el punto de vista médico y espiritual. Cada noche oraba con él y le leía la Biblia. Sus últimas palabras fueron: "Gracias por todo lo que has hecho por mí". Le respondí, "Habrías hecho lo mismo por mi, papá". Entonces me dijo: "Sí, lo habría hecho." Estábamos en paz. Me dio su bendición y comenzó a dar sus últimos pasos en su caminata con Dios.

Cuando la recuperación o el mejoramiento temporal retrasan la muerte, saber cómo dar consuelo en esa situación puede ser difícil. Es por ello que generalmente los amigos dejan de visitar. Lo que por instinto queremos hacer o decir puede ser contrario a lo que se necesita. El visitante que lleva una sonrisa al moribundo crea una distracción temporal de la muerte, pero el que invita a la sinceridad de la realidad de la muerte en una forma no amenazante trae nueva vida. El grado de sinceridad que una persona moribunda puede tolerar variará dependiendo de cada persona. La meta del pastor debe ser ayudar al moribundo a que "no se avergüence" mientras prueba las aguas profundas de su muerte. En ningún momento es apropiado ser bruscos sobre la muerte. Tal brusquedad ataca al moribundo.

Aunque eventualmente, los amigos de una persona con una enfermedad terminal pueden dejar de visitarla (posiblemente debido a su propia aflicción), los pastores llevan una palabra de parte de Dios y le enseñan al paciente cómo hablar con Dios sobre su muerte. Aún cuando se pueda decir o hacer poco, las formas de alimentar la fe se mantienen en todo el camino hasta llegar a la puerta de la muerte.

En una ocasión cuando no tenía palabras que decir, canté. Se creía que una mujer en Cuidados Intensivos no respondía a nada. No podía comunicarse con palabras, no podía tocar ni moverse; estaba muriendo lentamente y sus complicaciones médicas aumentaban constantemente. Una noche, muy tarde, me paré cerca de su cama, oré por ella y luego, casi sin pensar, comencé a cantar suavemente: "Cristo me ama, bien lo sé, su Palabra me hace ver que los niños son de aquel quien es nuestro amigo fiel." Cuando terminé de cantar el coro, una lágrima salió de uno de sus ojos cerrados. No dio ninguna otra respuesta (Si realmente esto puede ser llamado una respuesta), y murió horas más tarde. Posiblemente, Dios habló con ella esa noche a través de una canción que comenzó como cuidado pastoral y continuó como parte de una celebración hecha por los ángeles.

Qué hacer en el momento de la muerte

La presencia del pastor es muy importante cuando la muerte se acerca. Algunas veces, las personas moribundas aguantan hasta que todos los miembros de la familia están con ellas, y luego mueren. En algún momento, puede ser necesario ayudar a que la familia le dé el permiso a su ser amado

EL CUIDADO PASTORAL EN SITUACIONES ESPECÍFICAS

de morir. (Algunas familias, sin embargo, repetidamente "dan permiso" a su ser amado para que muera aún cuando el paciente no está listo. La muerte de una persona no puede ser arreglada a conveniencia de la familia).

Si una persona moribunda está consciente y se queda sola en algunos momentos, el ofrecimiento de una confesión privada de parte del pastor puede proporcionarle alivio al moribundo. Hasta aquellos que no han practicado la confesión privada, pueden ser invitados a que la consideren como una preparación final confortante. Se puede continuar con la Santa Cena para asegurar la gracia y para que sea como una invitación a la eternidad. Cuando se acerca el momento de la muerte, alguna forma de "Encomendar al moribundo" puede ser apropiado para éste y su familia. Como una forma de introducir este encomendar, el pastor debe comunicar la idea de que ahora estamos dejando a esta persona en las manos de un Dios misericordioso.

Los miembros de la familia que han sufrido mucho al cuidar a su ser querido pueden sentirse exhaustos y aliviados al acercarse la muerte. Necesitan que se les diga que han hecho lo mejor al llevar la carga que tienen. Por ejemplo, cada semana durante dos años, visité a una mujer en su casa que cuidaba y alimentaba por tubos a su esposo comatoso. En un momento, en el que estaba al otro lado de la cama, en donde ella estaba llenando el inyector de alimento, le dije: "Estás haciendo un excelente trabajo." Me miró sorprendida. "Gracias", respondió. "Nadie me había dicho eso antes. Mis amigos dicen que soy una tonta al hacer esto y que debería enviarlo a un hospital, pero yo quiero cuidarlo." El cuidado pastoral expresa la aprobación de Dios. Las palabras del pastor pueden ser las palabras de Dios.

Sin embargo, el silencio también puede ser un don consolador de Dios. Algunas veces, cuando todo ya ha sido dicho, es apropiado sentarse con la familia en silencio. No es necesario hablar, pero la oración si lo es. Escuchar en lugar de hablar coloca al pastor dentro del círculo de los que observan junto a los santos de Dios. Finalmente, cuando llega la muerte, el toque amoroso del pastor en la cabeza o mano del paciente como forma de bendición completa su cuidado hacia el moribundo.

La atención ahora se vuelca al cuidado pastoral de los dolientes.

Los dolientes al pie de la cruz

Mi padre tenía 94 años cuando murió después de dos semanas de enfermedad. Por un lado, doy gracias por su larga vida, por los muchos años de salud y por los cortos momentos que compartimos para orar y leer las Escrituras antes de que muriese. Por otro lado, lamento su muerte y lo sigo extrañando. Este sentimiento de pérdida es llamado luto. En su funeral un querido amigo trató de consolarme al decirme: "Resucitará y volverás a verlo." Aunque me tocaron estas palabras bien intencionadas de este amigo, le respondí quizás un poco molesto: "Sí, lo sé, pero en este momento necesito mantenerme al pie de la cruz y estoy sintiendo el dolor de que me lo están quitando." Hablé antes de pensar, pero eso era lo que estaba pasando. Apenas estaba empezando a sentir el dolor de su muerte y de su ausencia en mi vida por primera vez después de 52 años. No quería que ese dolor saliera de mí tan rápido. Estaba apenado y necesitaba permanecer un poco más al pie de la cruz antes de moverme lentamente hacia la tumba vacía para recibir consuelo, sanidad y esperanza.

Simplemente, no puedes acelerar la sanidad que gotea lentamente durante semanas, meses y hasta años después de una muerte. Los pastores necesitan ser sensibles a este lento proceso y no deben precipitar ni abandonar a los dolientes una vez que parecen sentirse mejor después del funeral. Los psicólogos que estudian la dinámica del luto dicen que le toma un año o más a una persona promedio para enfrentar los cambios que trae la muerte de un ser querido. He aconsejado a personas mayores que nunca se han recuperado de las pérdidas de sus cónyuges.

Así cada uno de nosotros tenga su propia forma y tiempo de lamentarse, de alguna forma hay coincidencia. En este capítulo estudiaremos las cosas que tenemos en común y nuestro consuelo común al ser sanados por Dios al pie de la cruz.

UN LUTO COMÚN: HOMBRES Y MUJERES

Las muertes rápidas y algunas veces dramáticas, las que ocurren debido a un accidente automovilístico, ataques al corazón, o cuando están cortando el césped, frecuentemente llevan a los dolientes a una sala de emergencia de un hospital en donde su pena comienza a intensificarse. Un hombre encontró inconsciente a su esposa de 47 años en el piso de su casa, llama a los paramédicos, quienes la llevan a la sala de emergencias. Allí, la atienden por unos 45 minutos, pero no pueden hacer que reaccione y es declarada muerta. Su esposo está sentado en la oficina de las enfermeras en donde puede tener privacidad, esperando tener alguna noticia de su esposa, aunque por instinto sabe que ha muerto. Después de varios reportes, supo por la mirada de la enfermera que su esposa había muerto. Está solo con nosotros, la enfermera y el capellán, llora en silencio por un rato y finalmente pide ver a su esposa. Fuimos a verla juntos, se le acerca y le acaricia suavemente el cuerpo como si comenzara a hacerle el amor. Llora en silencio y de repente voltea su cara y me pregunta "¿Qué debo hacer ahora?" Se firman los papeles para realizar una autopsia, se da el nombre de la funeraria, y él recibe las pertenencias de su esposa en una bolsa y se va.

Sin embargo, si un esposo muere y la esposa espera en la oficina de enfermeras, la escena puede ser un poco diferente. Cada vez que la enfermera entra a dar noticias, la esposa la recibe con la gran esperanza de buenas noticias o con un gran temor de escuchar lo peor.

Cuando recibe la noticia de que su esposo ha muerto, llora desconsoladamente; y si otros están presentes, la consuelan con abrazos y lágrimas. Cuando la llevan a ver a su esposo, llora fuertemente y puede ser que necesite ayuda física para mantenerse de pie. Su pena es instantánea y profunda. No está preocupada por dar una buena apariencia. Buscará consuelo en otros para compartir su dolor. Sin embargo, a la larga, a pesar de su abierta expresión de dolor, otros pueden pensar que está tomando un tiempo excesivo para lamentarse porque enfrenta abiertamente cada aspecto de su pérdida. Al contrario, un hombre parece dejar todo a un lado y lo enfrenta lo mejor que puede. En realidad, el hombre, más que la mujer, puede estar menos preparado y capacitado para lamentarse bien.

Las muertes esperadas generalmente llegan como un alivio después de una enfermedad larga y agotadora. Cuando ocurre la muerte, la pena comienza generalmente con lentitud, hasta en silencio y algunas veces toma tiempo sentirla tanto como una muerte rápida. Muchas personas con enfermedades terminales mueren en sus hogares rodeados de aquellos que se ocupan por ellos. Usualmente, los hospicios proporcionan un excelente cuidado, y los que lo hacen frecuentemente continúan apoyando después de una muerte. Es un sistema de cuidado recomendable, pero en una forma es triste para aquellos de nosotros que recordamos que solía ser la congregación la que daba tal cuidado y consuelo. Pero por lo general, sólo el pastor llama cuando la muerte se acerca, y puede ser que sólo él continúe por una semana o dos para consolar.

Los pastores, como hombres, deben prestar especial atención a lo que las mujeres de la congregación pueden ofrecer instintivamente, es decir, una forma de apoyo que es paciente y que puede escuchar una larga conversación sobre un ser querido. Una mujer de la congregación con el don de apoyar de esta forma debe estar en la lista del pastor de aquellos que pueden ofrecer cuidado adicional a los dolientes.

Aquellos que han sufrido una enfermedad por años o meses y están esperando la muerte inevitable en un hospital, casi siempre se alivian cuando les llega la hora de morir. Lloran, pero es muy probable que su llanto sea controlado y deliberado. Cuando la familia está presente continuamente, sentada a la cabecera, esperando el final, por lo general no es obvio inmediatamente que la muerte haya llegado; así que llaman a las enfermeras para que verifiquen la muerte. Para aquellos que esperan la noticia en sus casas o trabajos, usualmente tienen el apoyo de familiares y amigos. Las llamadas se hacen en los momentos más convenientes y la familia deja el hospital después de largas conversaciones con las enfermeras sobre la larga enfermedad del paciente. El luto parece comenzar lentamente y se hace más intenso con el paso de los días y de las semanas. Es un error de parte del pastor pensar que la calma inmediata que exterioriza el doliente no es más que un sudario de alivio del dolor profundo que difícilmente ha comenzado a emerger. El alivio, el aturdimiento, el llanto silencioso, y las expresiones graduales de dolor toman su turno en salir a la superficie.

EL RITMO DEL LUTO

Un estudio a mujeres divorciadas refleja algunas reacciones y temas comunes con los dolientes en su luto.[1] En el momento de la muerte, generalmente los sentimientos fluctúan entre el pánico y el completo aturdimiento. Cualquier pastor que ha estado presente en el momento en que se le anuncia a una esposa la muerte de su esposo, ha visto esta paradoja. Aunque el pánico con lágrimas es desgarrador, es el aturdimiento y la inaccesibilidad de la viuda lo más inquietante para el pastor. Es como si esta persona afligida está sorda a todo consuelo, quizás está perdida o sumergida en otro mundo. El dolor real comienza unos 10 días después de la muerte, cuando se termina el funeral, todos se han ido y se siente la soledad por primera vez. En este momento es cuando la visita informal del pastor es mucho más beneficiosa, porque la viuda (o viudo) finalmente puede hablar sobre tales cosas y puede comenzar a escuchar el consuelo que veía en forma empañada durante el funeral.

Las semanas después de la muerte, un doliente necesita estar solo y experimentar el consuelo de parte del pastor y sus amigos. Muchas veces, las personas dejan de visitar una vez que termina el funeral. Cuando las cosas vuelven a la normalidad para todo aquel cuya vida ha sido interrumpida por este evento, el doliente se siente abandonado. Para aquellos que tienen una mejor recuperación, aproximadamente después de un mes, comienzan a sentir nuevas esperanzas y la vida vuelve a tener sentido. Es aquí cuando las mujeres (muy raro los hombres) han venido a mi oficina para hablar sobre este cambio. Frecuentemente expresan algo de culpabilidad por comenzar a sentirse bien nuevamente, especialmente si otros los invitan a compromisos sociales. Los dolientes se sorprenden de querer aceptar las invitaciones; es por ello que necesitan el permiso de un amigo o del pastor para hacerlo.

Un tiempo difícil en la pena es en días festivos, aniversarios, cumpleaños o en días especiales para el doliente y el fallecido. Estos eventos

---

1   Colin Murray Parkes, *Bereavement, Studies of Grief in Adult Life* (New York: International Universities Press Inc., 1979).

especiales acentúan la pérdida y sus consecuencias. No es sino hasta que la persona enlutada pasa todo un año sin su ser querido que él o ella comienza a pensar que quizás después de todo la vida continúa.

La pena que se sintió muy fuerte al principio, disminuye gradualmente, y sólo es acentuada por momentos de dolor muchas veces intenso mientras el luto tiene lugar. Algunas veces, pasan años y la pena vuelve a aparecer en ciertos momentos de nostalgia. Conscientes de que el luto toma tiempo, algunas congregaciones en uno o varios días del año leen los nombres de aquellos que han fallecido. Otras iglesias mencionan cada año los aniversarios de los fallecidos. Todos estos recordatorios de la gracia y cuidado de Dios son beneficiosos y refuerzan la verdad de que somos un solo cuerpo en Cristo.

Quedarse estancado en el luto

Al igual que todas las crisis en nuestra vida, el luto ofrece una oportunidad para el crecimiento espiritual que el pastor no debe dejar pasar. Pero no todo el que está de luto, lo lleva bien. Como el pastor no evalúa el luto como aprobado o reprobado, hará bien al notar cómo sus miembros viven el luto y les ofrecerá el apoyo que necesitan, especialmente si se quedan estancados en su dolor. Ningún doliente quiere que se le apure y sería un error hacer que cada persona se ajuste a un cronograma de luto. Los matrimonios que terminan después de 53 años juntos requieren más tiempo en su dolor que una relación de un año. Pero aún aquellos que sufren por una muerte bajo circunstancias no complicadas pueden en algún momento quedarse estacionados en su pena.

Comúnmente, las personas quedan estancadas en algún punto de rabia. Tal rabia puede que no sea aparente para otros, especialmente si toma la forma de depresión o de un comportamiento auto destructivo como el auto abandono o intentos de suicidio.

En el libro *Good Grief*[2] (Buen luto) de Granger Westberg se menciona que algunas personas pueden enfermarse y necesitar ser hospitalizadas si no pueden manejar su dolor. En mis visitas a pacientes que parecían deprimidos y con muchas quejas, generalmente preguntaba sobre los eventos ocurridos hace uno o dos años atrás. Frecuentemente, me decían que

---

2 Granger E. Westberg, *Good Grief*, (Philadelphia, PA, Fortress Press, 1978).

alguien cercano a ellos, un hijo, hija, o cónyuge, por ejemplo, había muerto hace unos seis meses o aproximadamente un año atrás (o más en el caso de personas mayores). Estas personas dicen que en el momento de la muerte sintieron poco o nada y se sentían muy confundidos por eso. Aunque no pueden aceptar la verdad de que la muerte ocurrió, claramente la pena ha permanecido dentro de ellos, comiéndose a sus anchas sus cuerpos y almas. Animarlos a hablar y escucharlos atentamente ocasionalmente ayuda. En ocasiones, puede ser que se requiera consejería una vez a la semana por un mes o seis semanas para resolver el conflicto con el fallecido o con los sentimientos de culpabilidad y rabia hacia la persona muerta. En estas situaciones, la iglesia, a través del pastor, puede ofrecer la medicina del perdón para sanar esa rabia y culpabilidad.

La lástima equivocada que iguala la pena con la falta de fe también puede estorbar el cierre del proceso del luto. Es importante recordar que Jesús lloró cuando se le anunció la muerte de Lázaro y probablemente hubiera continuado dolido si no lo hubiese levantado de la muerte. De igual forma, Pablo escribe: "...para que no se entristezcan como esos otros que no tienen esperanza."[3] Seguramente Pablo también diría: "No obstante, entristézcanse como aquellos que tienen esperanza." Esto es, el luto como el cuidado mutuo, sabiendo que algún día estaremos juntos con el Señor. Sólo el siglo 21 tiene una lástima equivocada que previene que broten las lágrimas saludables y retiene el consuelo que otros quieren dar. Hasta que no broten las lágrimas de alivio, la tristeza se moverá lentamente o no se moverá por completo, y los dolientes se sentirán aislados y solos.

Al mismo tiempo, es importante notar que algunas de las lágrimas que corren libremente no son lágrimas de alivio. Lágrimas de rabia no deben ser entendidas como lágrimas de tristeza. Al aconsejar a un hombre que perdió a su esposa, noté que sus ojos se llenaban de lágrimas a medida que hablaba de ella. Cariñosamente, le pregunté qué significaban sus lágrimas. Un torrente de rabia salió, en el que culpaba a su esposa por haber muerto y haberlo abandonado con sus cuatro hijos. Siguió y dirigió su rabia hacia Dios por haberle quitado a su esposa. Mientras verbalizaba su rabia, lloraba, y su tristeza, escondida por meses, fluyó libremente. El veneno estaba saliendo de su cuerpo. No pasó mucho tiempo antes de que sus lágrimas

---

3   1 Tesalonicenses 4:13.

de rabia se convirtieran en lágrimas de dolor y suplicó el perdón de Dios por la amargura y el resentimiento que había sentido por tanto tiempo. En medio de su tristeza, el hombre necesitó absolución. Cuando el veneno de su pecado fue expulsado, la gracia del perdón lo sanó rápidamente.

AL PIE DE LA CRUZ

Cuando los dolientes se arrodillan al pie de la cruz, están inclinados a mirar hacia aquel que los salvó. En la cruz, los dolientes son obligados a buscar consuelo, no en aquellos cerca de ellos que comparten su pérdida, sino en Jesús. La meta principal del cuidado pastoral frente a la muerte es dirigir cariñosamente los ojos de los enlutados hacia Cristo para que los consuele y ayude a amar a Dios más que a la persona fallecida.

Esto es, por supuesto, el objetivo de la vida cristiana en todo momento. Estamos para amar a Dios más que a cualquier ser humano. Si no lo hacemos, hemos convertido a nuestro esposo o esposa, hijo o hija, novio(a) o amigo(a) en ídolos. Martín Lutero nos advierte: "El alma no puede ni debe encontrar contentamiento en ninguna otra cosa que no sea en Dios, quien la ha creado y es la fuente de su vida y felicidad. Es por ello que Dios desea ser el único a quien el alma se aferre y en quien crea."[4] Si la esposa cristiana queda atrapada en cualquier momento en su tristeza por la muerte de su esposo, el objetivo del cuidado pastoral es de ayudarla a que quite la mirada de su esposo y aprenda a amar a Jesús más que a su esposo.

La batalla por una lealtad dividida no es fácil de ganar. Requiere de una fe fuerte que desea, quizás gradualmente, poner finalmente a su esposo en las manos de Dios y dejarlo allí. Aún la seguridad que le da el pastor de que ella verá a su esposo cristiano nuevamente en el cielo no es su esperanza prioritaria, sino secundaria a la esperanza de ver a Cristo. Para todos nosotros Cristo es nuestra única esperanza. De igual forma, nuestra esperanza en el cielo no se enfoca principalmente en la promesa de una vida eterna sino en estar con el Señor. Esto es, no sólo queremos vivir nuevamente, sino que queremos estar *con el Señor*. La esperanza en la inmortalidad no es única a la fe cristiana, sino que estar con el Señor quien nos hizo, nos redimió y ahora nos consuela, sí lo es. Así lo escribe Pablo: "Estaremos

---

[4] Martín Lutero, *Day By Day We Magnify Thee* (Philadelphia: Augsburg Fortress, 1982), 18.

con el Señor para siempre. Por lo tanto, anímense unos a otros con estas palabras."[5]

Entristecernos al pie de la cruz revela nuestra situación. No tenemos nada que ofrecer para remover nuestra tristeza y nada a que aferrarnos sino en Jesús. La tristeza nos enseña a desprendernos de todo lo que tuvimos en el pasado y a vivir nuevamente si la gracia de Dios lo permite. Esto no significa que debemos olvidar los recuerdos o que no debemos hablar del pasado. Al contrario, vemos el pasado desde una perspectiva santa, como un regalo de la gracia de Dios que seguirá siendo destapado en nuevas formas hasta que estemos con el Señor en la eternidad. Dejar atrás el pasado no significa que seamos desleales hacia aquellos que han muerto, así como pueden pensar algunos dolientes, sino que es un acto de fe que confía al Señor de la vida las vidas completas y satisfechas de aquellos que han muerto y de nosotros mientras esperamos el cumplimiento de nuestra propia muerte. Nuestros seres queridos están con el mismo Dios que está con nosotros. El reúne a los santos en la tierra y en el cielo en una sola familia, que será revelada cuando él regrese.

El pastor como consolador

Las tareas del pastor son únicas en el moribundo, la muerte, y el luto del pueblo de Dios. Por medio de la Palabra y los sacramentos, el pastor lleva esperanza al moribundo y en el momento de la muerte le recuerda a los dolientes cómo en el Bautismo, Dios le dio salvación a sus seres queridos. Para consolar a los dolientes, el pastor los alimenta con la misma Palabra y los sacramentos que sostuvieron al fallecido.

Otros de la congregación también pueden estar en la lista para ayudar a aquellos que lloran la pérdida a realizar los ajustes físicos y emocionales necesarios para una nueva vida. Especialmente las mujeres parecen ser buenas oyentes, aunque cuando un hombre le habla a otro en medio de su pena está realizando un ministerio valioso que la iglesia debe animar. Todas estas oportunidades en la crisis de fe que soportamos, fortalecen la fe y producen un gran gozo frente a la tristeza.

La presencia del pastor (además del laicado representativo de la iglesia) después de la muerte es importante, porque es una oportunidad para

---

5   1 Tesalonicenses 4:17.

crecer en la fe. Además del consuelo, los dolientes necesitan ver su vida con el ser querido y con Dios de una manera honesta y abierta. La esposa que se siente ofendida por su esposo, el esposo que falla al no apreciar a su esposa, y los hijos que niegan a sus padres necesitan encontrar tanto perdón como consuelo por la pérdida. Cuando el tiempo es apropiado y la amargura ha desaparecido, un rito de confesión y absolución individual ofrece sanidad a los dolientes. Esto es especialmente cierto cuando la muerte ha sido por suicidio. El deseo de perdonar y de ser perdonado es crucial para que la tristeza sea sanada.

El pastor, al consolar al acongojado, necesita dejar que el doliente sienta lo que sea que sienta. No se apure en curar cada dolor o error. Sea paciente, pero esté seguro hacia dónde quiere llevar al doliente. Fije su atención en el doliente y no en su necesidad de que el doliente esté donde por ahora no puede estar. Ore con el doliente recordando las cosas que dijo en su presencia. Las personas miran a sus pastores en lugar de ver a Jesús. Esto es tan importante que algunos miembros han dejado la iglesia porque su pastor nunca los visitó después de una muerte, lo que los hizo sentirse abandonados por él y por Dios. Dios sí obra a través de las personas, especialmente a través de aquellos que llevan la gracia sanadora de Dios en la Palabra y los sacramentos.

UN PENSAMIENTO FINAL

Comencé este capítulo recordando la muerte de mi padre. Un año después de su muerte me encontré preocupado por la tristeza de mi madre, por tediosos asuntos legales y por darme cuenta de que también estaba envejeciendo y más rápido de lo que pensaba. Además, descubrí una nueva perspectiva de algunas cosas de la vida después de la muerte de mi padre. Me di cuenta de que mucho de lo que hice fue por consentimiento de él. Veo cuánto admiré sus habilidades, algunas de las cuales adquirí. Y he aprendido lo diferente que es no poder decirle a mi padre cosas que sé que disfrutaríamos. Pero sobre todas estas cosas he aprendido en medio de mi tristeza a apreciar todo lo que mi padre me dio, a través de su amor y sus genes, así como también a dejarlo en las manos de Dios cada vez que estoy tentado a sentir pena por su muerte. Es verdaderamente cierto que he encontrado consuelo al fijar mi mirada en Jesús.

La enfermedad mental

ENTENDIENDO ESPIRITUALMENTE LA ENFERMEDAD MENTAL

Como cristianos llamados a "estar en el mundo mas no pertenecer al mundo", debemos entender la enfermedad mental desde los términos espirituales y psicológicos para reconocer lo que tenemos para ofrecer a los enfermos mentales en el nombre de Jesucristo. En gran parte del siglo 20 nos hemos visto a nosotros mismos a través de los lentes de la sicología, que enseña que las únicas fuerzas que obran en nosotros son aquellas que creamos en nuestras mentes. Necesitamos preguntarnos si no hay alguna realidad obrando más allá de la mente.

El cristiano está convencido de que, aunque Dios interactúa con las personas, existe una presencia maligna como una entidad separada de la mente humana y que presenta evidencia del "diablo, y todas sus obras, y todos sus caminos".[1] La "sicología" del alma de Martín Lutero nos recuerda que "el viejo Adán en nosotros debe ser ahogado por pesar y arrepentimiento diarios, y que debe morir con todos sus pecados y malos deseos; asimismo, también cada día debe surgir y resucitar el nuevo hombre, para vivir eternamente delante de Dios en justicia y pureza".[2] Desde casi el principio el reino de Dios ha sido una soberanía disputada, un conflicto que nos compromete a una lucha espiritual. Si decimos que las personas están habitadas por demonios (como lo dijo Jesús) o que están enfermas mentalmente, estamos identificando una realidad profunda en la que el pecado y la gracia compiten por el alma. Aunque pocos de nosotros reduciríamos

---

1 *Culto Cristiano*, 229.
2 Martín Lutero, *El Catecismo Menor*, (St. Louis, Editorial Concordia, 1997), 14.

la enfermedad mental a la demonología, nuestro Señor con seguridad nos está señalando aún hoy en día la realidad de la persona del maligno y sus poderes espirituales, que tienen como objetivo destruir el alma humana.

El entendimiento de nosotros como seres psicológicos ha sido de ayuda en los tiempos modernos, pero también ha tenido sus limitaciones. Necesitamos ir más allá de la sicología y ver las profundas realidades espirituales. ¿Qué significa ser seres espirituales con problemas espirituales a los que Dios ofrece soluciones espirituales? Los pastores necesitan reconocer y aceptar la sicología, pero al mismo tiempo, reconocer los límites precarios de esta ciencia cuando llegamos al enfermo mental para ofrecerle el manto sin rasgadura de Cristo.

No estoy incitando al rechazo de una sicología que entienda al ser o de la farmacología que algunos oponen a la fe. Aún si fuese deseable, sería imposible abandonar nuestra perspectiva psicológica de nosotros mismos. Esta perspectiva le pertenece al espíritu de la era en la que vivimos y es diariamente reforzada en cualquier cosa: en la propaganda, los medios, la educación y el lugar de trabajo. En lugar de esto, necesitamos reintroducir en el mundo las profundas realidades que se encuentran detrás de la mente y el comportamiento humano. Posiblemente, la sicología coincida con la verdad cristiana al ayudarnos a descubrir la necesidad individual de identidad, comunidad, estabilidad y perdón de pecados; pero sólo Cristo, a través del cuidado espiritual, suple estas necesidades mediante su sufrimiento en la cruz. La buena sicología reconoce sus limitaciones y anima a que el cristiano practique su fe y a que forme parte de la comunidad de fe sanadora, la congregación. De la misma forma, la fe no sustituye la necesidad de ayuda psicológica o de algunas medicinas, que generalmente son dones de Dios. El cristiano no necesita ver como rivales a la fe y a la medicina. Sin embargo, existe la necesidad de llegar a un entendimiento espiritual de la enfermedad mental a fin de que el cuidado pastoral pueda proporcionar la sanidad que Dios quiere para aquellos que viven diariamente en un infierno mental.

Es por ello que, para nuestros propósitos, definiremos la enfermedad mental desde el punto de vista teológico como cada efecto devastador espiritual de vivir en un mundo desordenado o caído en el que unos más que otros experimentan una pérdida profunda de qué y quiénes son y se encuentran arrancados de la intimidad que Dios provee, la cual da orden a nuestras vidas. Para todos nosotros, la salud espiritual se encuentra al saber qué y quiénes somos y en consecuencia, responder por fe.

UNA GUÍA SIMPLE PARA EL PASTOR SOBRE LA ENFERMEDAD MENTAL

Para poder atender adecuadamente las necesidades de las personas, el pastor necesita entender las formas más comunes de enfermedad mental. De acuerdo con el DSM IIIR (la biblia del psiquiatra) algunas enfermedades mentales son de origen orgánico, y otras, inorgánico. Las enfermedades mentales más frecuentes se pueden agrupar en tres categorías: esquizofrenia, trastornos por ansiedad, y trastornos afectivos. El pastor puede identificar con facilidad a estas personas por su manera de comportarse. Los trastornos de la personalidad incluyen los siguientes tipos: histriónico, narcisista, evasivo, dependiente, compulsivo-obsesivo, agresivo-pasivo, y fronterizo (in inglés: *borderline*).

La esquizofrenia

Las personas con esquizofrenia, cuando no están recibiendo tratamiento médico apropiado, generalmente se caracterizan por excesivas alteraciones mentales, delirios, alucinaciones y un comportamiento extraño. Daniel, un hombre de 31 años con esquizofrenia, vino a mi oficina pidiéndome que le expulsara un demonio. Como vacilé, pensó que no le creía que estaba poseído por un demonio y me demostró la presencia del ser maligno con su voz retumbante y opaca. Su peso excesivo de más de 150 kilos le dio credibilidad a esos efectos de sonido. Entre sus continuas visitas descubrí que había pastores en el área con los que Daniel estuvo por un corto tiempo y que lo conocían. Daniel, aunque vivía legalmente con su madre, era una de las muchas personas de la calle que de vez en cuando llegaban al pastor por ayuda. Su esquizofrenia se intensificó por los conflictos periódicos con su madre, con la que generalmente vivía. Pudo haber sido que Daniel estaba más "poseído" por su madre que por su demonio.

Aunque las personas pueden sufrir diferentes grados de severidad de esquizofrenia, es probable que muy pocos quieran estar activos y ser miembros a largo plazo de una congregación, ya que su extraño comportamiento es considerado por otros como "locura". Las personas con este tipo de trastorno usualmente se encierran en sí mismas y le temen al acercamiento o a la intimidad con otros.

¿Qué tipo de ayuda puede ofrecer un pastor? Quizás lo único que se pueda hacer es establecer límites en cuanto al amor, los cuales son similares a lo que es conocido como "amor duro" en los círculos que consumen narcóticos. Para el bienestar del pastor y de la persona enferma mentalmente, un límite del tiempo, de la atención, y de la frecuencia de los contactos proporcionarán momentos de cuidado sin agotar los recursos personales del pastor.

Trastornos por ansiedad

Entre las personas con enfermedades mentales las más comunes son aquellas que sufren trastornos por ansiedad. Por ejemplo, una persona asiste a la iglesia pero no puede tolerar a las personas y sólo se queda para el servicio de adoración. Tarde o temprano entra a hurtadillas, sin ser visto, y se sienta solo en el balcón. Las personas con trastornos por ansiedad pueden sufrir ataques de pánico, sentir que el destino los amenaza, tener temores excesivos e irreales, o tener un comportamiento obsesivo-compulsivo (tal como excesivo perfeccionismo) que interfiere con el diario vivir. Aún cuando cualquiera de nosotros pueda presentar algunas o muchas características similares, es su naturaleza excesiva e inmovilizante la que los define como enfermos mentales.

Trastornos afectivos

Entre los trastornos afectivos (estados de ánimo), la depresión severa es la más común. Las personas maniáticas-depresivas alternadamente muestran cambios de ánimo repentinos en los que la persona se siente excesivamente maniática (eufórica, feliz) y luego, deprimida. Estos trastornos merecen más atención y serán tratados ampliamente en el próximo capítulo.

Trastornos de la personalidad

Los trastornos de personalidad no parecen tener una causa biológica (aunque ciertamente pueden tener problemas de complicación biológica), sino que son el resultado de experiencias anteriores de la vida. No tienden a ser tratados con medicamentos (pueden ser hereditarios). Las mujeres con personalidad fronteriza, debido a sus pobres habilidades como madres, tienden a criar a sus hijos con problemas de personalidad. Sin embargo, probablemente esto sea más un problema adquirido que innato.

A diferencia de las personas con trastornos mentales más comunes (esquizofrenias, trastornos por ansiedad y afectivos), aquellas que sufren uno de los tantos trastornos de personalidad se caracterizan por un permanente comportamiento inflexible, con problemas de adaptación e inadecuado en eventos sociales. Es más probable que estas personas quieran formar parte de una vida congregacional, a diferencia de los de la categoría anterior, y causen un ataque al corazón al pastor, aunque puede no ser obvia para otros su enfermedad mental. Aún cuando los pastores no son profesionales en salud mental, necesitan estar conscientes de los siguientes trastornos para poder identificar las necesidades espirituales de cada uno de ellos: histriónico, narcisista, evasivo, dependiente, compulsivo-obsesivo, agresivo-pasivo, y fronterizo. Los trastornos de la personalidad se desarrollan temprano en la vida, generalmente aparecen en la adolescencia, y son frecuentes en la población general en niveles diferentes. El trastorno de personalidad narcisista parece haber aumentado en los últimos años. Qué tanta participación tiene el ambiente de nuestra cultura y de actuales familias con trastornos mentales en este desarrollo es una pregunta interesante.

Trastorno de la personalidad histriónica

Las personas con trastorno de la personalidad histriónica (o histérica) se caracterizan por excesiva excitabilidad y dramatización. Tienen una reacción exagerada en situaciones que no lo ameritan, es decir, "se ahogan solos en un vaso de agua". Otros síntomas incluyen necesidad intensa por atención y aprobación de otros. Generalmente responden positivamente a figuras con autoridad tales como el pastor, de las cuales esperan que mágicamente solucionen sus problemas. Tienen una fuerte convicción emocional en temas como la fe, pero dichas convicciones carecen de un discernimiento profundo. El pastor necesita reconocer que estas personas entusiastas harán cualquier cosa por él siempre y cuando esto aumente su ego y obtengan el premio que ansían. El desafío del pastor es darle la aprobación apropiada recordando, una vez más, establecer límites cuando exijan más.

Trastorno de la personalidad narcisista

Con una creencia exagerada en su propio valor o importancia, las personas con trastorno de la personalidad narcisista esperan que los demás se dejen llevar por ellas. No sienten empatía por otros. Por ejemplo, pueden molestarse con usted por haber fallado a una cita para almorzar aún cuando la razón haya sido la muerte de algún familiar. Su autoestima es muy frágil y buscan reforzarla para sentirse aceptados. Sin embargo, su necesidad de aceptación es un agujero sin fondo difícil de llenar. Reaccionan con rabia hacia cualquier crítica. Explotan a otros y creen que tienen el derecho, pero no los demás, de explotar a las personas. El narcisismo es una de las características más predominantes de nuestra cultura actual, que algunas veces es presentada públicamente en forma de "derechos".

Trastorno de personalidad evasiva

Las personas con trastorno de la personalidad evasiva no representan tanto un problema para el pastor como para ellos mismos. Se sienten incómodos en ambientes sociales y los evitan, usualmente excusan sus ausencias porque temen que otros reacciones negativamente contra ellos. Son vulnerables, tímidos y no tienen amigos cercanos, son verdaderamente las ovejas perdidas de una congregación. Necesitan saber que Dios los acepta y que son miembros del cuerpo de Cristo. Las personas con trastornos de la personalidad evasiva (o cualquier otro trastorno) no cambian, pero deben ser ayudadas para que aprendan a vivir con su enfermedad. El pastor puede descubrir que su contacto con estas personas es el único que permiten con alguno de la iglesia.

Trastorno de la personalidad dependiente

Aunque son leales al pastor, las personas con trastorno de la personalidad dependiente son indecisas y tienen dificultad de iniciar proyectos. Se ofrecerán voluntariamente para realizar trabajos desagradables y exigentes para ser aceptados por otros y externamente estarán de acuerdo con el pastor y con otros aun cuando no haya un acuerdo verdadero. Debido a que este tipo de trastorno es común, los pastores deben considerar a las personas con trastorno de la personalidad dependiente como voluntarios que no causarán muchos problemas. Pero, como para todos los trastornos de la personalidad, el objetivo del pastor no debe ser sólo para hacer su propia vida más agradable sino para encargarse de los problemas espirituales de esas personas con trastornos. El pastor debe tener cuidado de no sobrecargar a los enfermos mentales que son voluntarios ansiosos y debe asegurarles la aprobación misericordiosa de Dios sean o no voluntariosos.

Trastornos de la personalidad compulsiva-obsesiva

Las personas compulsiva-obsesivas son extremadamente perfeccionistas: inflexibles, se resisten a la autoridad y exigen que las cosas deben hacerse a "su manera". Generalmente, son personas brillantes, se inmovilizan ante el temor de tomar decisiones equivocadas o de cometer errores. Son concienzudos y moralistas, se juzgan a sí mismos y a otros severamente. Son personas frías, reservadas y no son muy generosas. Pueden ser buenos contadores o tesoreros de la iglesia, pero tienden a ser irracionales, controladores e insensibles a las necesidades de los demás. El pastor tendrá que ser firme al establecer los parámetros dentro de los cuales este tipo de persona se permita funcionar en una posición de autoridad en la congregación.

Trastorno de la personalidad agresiva-pasiva

Entre las personalidades más difíciles en la vida congregacional están aquellas con trastorno de la personalidad agresiva-pasiva. Estas personas pasivamente resisten cualquier cosa que no sea iniciada por ellos. Son coléricas, malhumoradas, irritables, discutidoras, y agresivas, aunque siempre parecen "agradables" a otros. Su resistencia se manifiesta en el retraso, la holgazanería, terquedad, ineficiencia intencional y el "olvido". Obstruyen los esfuerzos de los demás al no ser responsables con sus trabajos.

Cada congregación ha tenido en su medio a personas con trastorno de la personalidad agresiva-pasiva que no reconocen o admiten su naturaleza. Si usted señala su comportamiento, entonces ese tipo de personas lo llamará paranoico o injusto, porque sólo tratan de "hacer lo mejor". En momentos de conflicto con personas con este trastorno, se le aconseja al pastor no dar ninguna explicación porque es muy probable que la distorsionen y la utilicen como un arma contra el pastor.

Trastornos de la personalidad fronteriza

Igualmente difíciles dentro de la congregación son las personas con trastorno de la personalidad fronteriza. Sufren de problemas de identidad, es decir, no tienen identidad propia y, sin darse cuenta, se apoderan de la identidad de otros. Pueden ser persuasivos y encantadores, pero también inestables, manipuladores e impulsivos en forma destructiva. Se tambalean entre sentimientos de rabia inapropiados e intensos y de aburrimiento y vacío. Las personas con trastorno fronterizo se apegan al pastor o a cualquier figura de autoridad aprobando todo lo que digan, pero pueden darles la espalda una vez que sientan que hayan dicho algo que intencional o inadvertidamente puedan interpretar como una señal de rechazo o desaprobación. Estas personas son peligrosas porque un día pueden adorar a alguien y al siguiente condenarlo. El pastor no es sabio si trata de complacer a tales personas. Al contrario, cuando la relación apenas comienza, el pastor debe establecer límites en cuanto a ese apego.

(Aunque los pastores pueden sentirse tentados de crear una amistad muy cercana con miembros con trastorno de la personalidad fronteriza, generalmente se les recomienda buscar esa amistad fuera de la congregación, entre amigos o aquellos que no están bajo su cuidado pastoral. Cada pastor necesita una vida fuera de la congregación así como dentro de ella).

LA ENFERMEDAD MENTAL Y LA TEOLOGÍA DE LA CRUZ EN ACCIÓN

La tarea de la iglesia no es curar la enfermedad mental sino atender las necesidades espirituales legítimas de las personas que sufren. Si el término *teología de la cruz* de Martín Lutero significa algo, es que Dios escoge llegar a su pueblo a través del sufrimiento. La enfermedad mental es un tipo de sufrimiento mediante el cual Dios se acerca a su pueblo.

Penny, con un diagnóstico psiquiátrico múltiple y complejo, pasó seis meses en nuestra unidad psiquiátrica. No era cristiana y las enfermeras advirtieron que era psicópata (es decir, vivía en su propio pequeño mundo). Penny estaba verdaderamente "loca". Nada de lo que decía o hacía tenía sentido. Cuando la visité, todo lo que me respondió fue inapropiado a excepción de las cosas espirituales. En medio de su locura, pude presentarle a Penny la gracia, misericordia y el amor de Dios. Aunque intentó suicidarse en varias oportunidades mientras estuvo en la unidad (hasta tomó antiséptico líquido, de entre las cosas del guardián, siempre era receptiva a mis visitas y parecía escuchar a pesar de su locura. Cuando fue aislada por largos períodos, la visité (donde estaba bajo llave), le leí salmos y le hablé del amor de Dios. Siempre paraba su locura lo suficiente como para escuchar.

A los seis meses de recluida en el hospital, Penny comenzó a mejorar desde el punto de vista psiquiátrico. Al mismo tiempo, se deterioró espiritualmente. Me sentí aturdido al saber que sus respuestas espirituales, tan apropiadas cuando estaba enferma, se deterioraban a medida que mejoraba. Antes de que fuese dada de alta, le di el nombre de una congregación cerca de su casa.

Un año después, nos encontramos por casualidad en un centro comercial y me dijo que se sentía bien y que estaba asistiendo a esa congregación. Dio evidencia de una fe genuina y sana. No tengo idea de qué fue lo que pasó en mi ministerio a Penny en ese terrible momento de su vida, pero continúa estando bien después de varios años, y concluí que en su debilidad Dios la ayudó a que lo viera en medio de todo como su Salvador.

El ministerio a personas con enfermedades mentales requiere que nos mantengamos firmes en el camino del cuidado de Dios. También debemos aprender a establecer límites, a fin de que no les hagamos una injusticia a las personas al darles la oportunidad de dramatizarnos su enfermedad. Debemos ofrecer evidencias del cuidado de Dios a través de los límites que establecemos con ellos y de nuestra presencia. Al mismo tiempo, evaluar si le pedimos inapropiada o inconscientemente que satisfagan nuestras propias necesidades enfermizas de ser queridos o amados. Aún los pastores tienen trastornos de personalidad que se alimentan de otros.

Si la enfermedad mental puede ser caracterizada en gran parte como una pérdida de identidad, comunidad, y estabilidad como consecuencia de la ausencia de intimidad con Dios y otras personas, entonces, es seguro que el cuidado pastoral debe buscar la manera de proporcionar lo que la iglesia puede ofrecer para asegurar estas necesidades fundamentales. La identidad como un hijo bautizado de Dios, la comunidad dentro del pueblo de Dios, la estabilidad basada en nuestra esperanza eterna en Cristo, la intimidad con Dios fundamentada en la encarnación de Jesús ("Dios con nosotros"), son las medicinas que el pastor ofrece. Los enfermos mentales generalmente son receptivos a ellas ya que en el fondo de sus vidas desean lo que Dios quiere darles. El ministerio a los enfermos mentales es difícil y requiere paciencia dolorosa, y sabiduría, pero también es un desafío emocionante que Dios nos da a aquellos que en su nombre somos "llamados y ordenados siervos del Señor".

Hace ya varios años, un psiquiatra me pidió que sirviera como consejero para su paciente cristiano. El psiquiatra, un judío ortodoxo, creía tanto en la importancia de las fuentes espirituales como en las psicológicas para sus pacientes. Acepté y comencé a trabajar con algo de intensidad con sus clientes cristianos. Posteriormente, ambos dictamos un curso a psiquiatras residentes en su segundo año en la Universidad de Medicina de Wisconsin. Yo estaba impresionado por la ansiedad con la que estos residentes querían aprender las creencias normales de la fe cristiana, para así poder distinguirlas de aquellas expresiones perversas de cristianismo que frecuentemente aparecen en las enfermedades mentales. Lo otro que también me sorprendió fue la falta de consejería espiritual para las personas en las unidades psiquiátricas de los hospitales en caso de que sus pastores estén haciendo las veces de terapeutas en lugar de su verdadero trabajo.

Aunque debo admitir que tengo una cierta fascinación por la psiquiatría, también tengo que estar cada vez más consciente de la importancia y el efecto del cuidado espiritual del enfermo mental. Los pastores necesitan pensar creativamente en cómo transmitir el amor de Dios en Cristo a través de la Palabra y los sacramentos.

En el próximo capítulo evitaré poner atención en la sicología, hasta el final, para favorecer el cuidado espiritual hacia las persona con enfermedades mentales. Posiblemente, al decir lo que he hecho como pastor, pueda servir de inspiración a aquellos que quieran ofrecer un completo cuidado espiritual.

10

Sentirse abatido: la depresión

DEPRESIÓN Y CUIDADO PASTORAL

Claudia: los dos pequeños yo

Claudia, una mujer sencilla de 42 años, sin educación, soltera, podría ser considerada marginalmente retardada. Empleada por casi 20 años como doméstica interna, debía cuidar también a la esposa inválida de su empleador. Claudia logro mantener su trabajo por su romance platónico con su empleador, el esposo de la inválida.

Aunque el amor era platónico, el contacto sexual no lo era. Durante esos 20 años, Claudia fue sexualmente explotada. Este hombre le había prometido que una vez su esposa muriera se casaría con ella. Sin embargo, cuando su esposa murió, despidió a Claudia como doméstica, cuidadora y amante. Poco tiempo después, Claudia terminó como paciente en la unidad de psiquiatría del hospital con un diagnóstico de depresión, debido principalmente a su sentimiento de culpabilidad durante los años de intimidad sexual con quien la empleó.

Conocí a Claudia por medio de una enfermera que me sugirió que la visitara porque ya nada parecía ayudarla a salir de su depresión. Claudia aceptó mi invitación de visitarla y descubrí que era luterana y que había sido confirmada cuando era adolescente. Habló de su instrucción de confirmación y mencionó las palabras "No cometerás adulterio". Molesta por haber sido abusada, Claudia también supo que había hecho algo incorrecto. Estaba cargada de culpa, y pensaba que era difícil que Dios la perdonara.

Luego de escuchar la confesión de Claudia, le describí visualmente la lucha dentro de ella entre su naturaleza pecadora y la perdonada, reflejando el *simul justus et peccator* de Lutero (la idea de que los cristianos somos "pecadores y santos al mismo tiempo"). Le dije: "Estás deprimida porque te sientes extremadamente culpable y no puedes creer que Dios te perdonará. Puedes ver la vida del pecado, pero la vida del perdón es muy pequeña para verla. Necesitamos alimentar tu yo perdonado de manera tal que puedas crecer lo suficiente para que puedas ver y creer." Fue una ayuda visual muy sencilla en la que ilustré la profunda confianza con que Dios alimenta al pecador oprimido y desesperado.

Claudia aceptó mi oferta, por las próximas tres semanas hablamos y oramos, y recibió la Comunión diariamente. Su avance fue notable. No sólo se recuperó de su depresión (en parte gracias a los antidepresivos), sino que también ganó un sentido amplio de valor y significado para su vida. Aunque nunca en su vida había vivido por ella misma, cuando salió del hospital, encontró un apartamento y se unió a una congregación luterana. Un año más tarde continuaba estando bien. Su perdón la había ayudado, y continuaba creyendo en Cristo. Claudia es un ejemplo de las palabras de Pablo: "Nos vemos atribulados en todo, pero no abatidos; perplejos, pero no desesperados; perseguidos, pero no abandonados; derribados, pero no destruidos."[1]

Una casa limpia de depresión

La parábola de Jesús nos enseña a entender la depresión desde el punto de vista espiritual.

Cuando un espíritu maligno sale de una persona, va por lugares áridos buscando un descanso. Y al no encontrarlo, dice: "Volveré a mi casa, de donde salí." Cuando llega, la encuentra barrida y arreglada. Luego va y trae otros siete espíritus más malvados que él, y entran a vivir allí. Así que el estado final de aquella persona resulta peor que el inicial.[2]

No quiero sugerir que la depresión es el equivalente a una posesión demoníaca. Sin embargo, las palabras de Jesús nos advierten que en un mundo de pecados la persona que no conoce a Dios podrá por un tiempo

---

1 2 Corintios 4:8-9.
2 Lucas 11:24-26.

hacer frente a muchas cosas (incluyendo la depresión) pero no puede encontrar significado y esperanza final en su vida sin Dios. La esperanza que nace en la confianza en Dios debe satisfacer el vacío de nuestras vidas o algo más destructible lo hará. La historia de Louis lo ilustra.

Luis fue a ver su médico para que lo ayudara con lo que pronto sería diagnosticado como depresión leve. Luego de unas pocas semanas con antidepresivos, Luis no sentía mejoría. De hecho, se sentía peor y comenzó a tener pensamientos suicidas, que lo atemorizaban. Luis fue hospitalizado por su seguridad y para permitirle controlar mejor su depresión. Los antidepresivos que consumía fueron cambiados en varias oportunidades, pero mostró pocas señales de recuperación. Finalmente, luego de varios tratamientos electro convulsivos, mejoró y fue dado de alta. Luis acordó ver al psiquiatra mensualmente y asistir a un grupo de psicoterapia semanalmente. La cura parecía haber tenido efecto, pero unos pocos meses después sufrió unas pérdidas personales, su depresión volvió, y fue hospitalizado por una segunda vez. "Esta vez", Luis me dijo; "Nunca mejoraré." Jesús dijo: "…el estado final de aquella persona resulta peor que el inicial."

¿Qué había pasado con Luis clínicamente? Lleno de una brumadora ansiedad, buscó a un consejero. El consejero, un buen oyente, ayudó a Luis a desahogar su ansiedad, y se sintió liberado cuando terminó la sesión. Pero después del alivio inicial de identificar y expresar sus sentimientos de ansiedad, Luis no estuvo nada mejor, su ansiedad volvió nuevamente, y se dio cuenta de que todavía faltaba algo. Algo más se necesitaba que el sólo hecho de liberarse momentáneamente de algo negativo. Se necesitaba algo o alguien para llenar el vacío en la vida de Luis y que lo ayudara a enfrentar sus problemas. El punto en la parábola de Jesús es que sólo Dios puede llenar correctamente el vacío de nuestras vidas.

La ilustración no quiere decir que ser cristiano prevendrá necesariamente la depresión. Al contrario, Jesús da un significado y un propósito a la vida, y camina con nosotros a través de la depresión. Él conoce nuestros sentimientos de depresión. Los experimentó en el Getsemaní y al sentirse abandonado por Dios en la cruz.

Como ingrediente fundamental en el ministerio para la depresión, el pastor necesita entender la diferencia entre sentimientos y fe. No son la misma cosa: los sentimientos subjetivos no son la promesa objetiva que

Dios da de que nunca nos abandonará. Esta presencia de Cristo es cumplida, dramáticamente para el deprimido, en forma física por el cuerpo y la sangre de Cristo en el pan y el vino de la Comunión y también en la presencia del pastor quien se reúne con la persona deprimida en el nombre de Cristo. La psiquiatría puede "barrer y poner la casa en orden" pero para convertirla en hogar, la casa necesita los muebles nuevos de esperanza que Cristo ofrece, y una familia que sirva de apoyo donde dos o tres se reúnen en su nombre.

Muebles nuevos

El Padre Juan, un sacerdote católico retirado y alcohólico en recuperación, había estado sobrio por dos años cuando fue internado en un hospital por depresión. Un día cuando entraba por el largo corredor de la unidad de psiquiatría, Juan estaba saliendo de su cuarto. Me vio, se acercó a mí lentamente, hasta que se paró en frente de mí sin decir una palabra. Parecía estar buscando a alguien dentro de mí cuando preguntó: ¿Hay esperanza?, y yo respondí: "Sí Juan, hay esperanza en nuestro Señor". Movió la cabeza afirmativamente, se volteó y caminó hacia su cuarto. Nuestra visita había terminado porque Juan había escuchado lo que necesitaba oír de mí.

La esperanza, tanto la promesa como la realidad de ésta, son los nuevos muebles para llenar la casa vacía de la persona deprimida una vez que la psiquiatría la haya limpiado. El cuidado pastoral tiene como objetivo proporcionar los nuevos muebles.

La esperanza no es un sentimiento ni un deseo para que las cosas sean diferentes sino una realidad presente basada en las promesas de Dios. La esperanza en Cristo puede ofrecer alivio en la depresión, pero también ofrece un significado y un propósito en la existencia de un rumbo incierto. La necesidad de Juan de confirmación creció más que por la necesidad de aliviar los sentimientos. Necesitaba saber que había mucho más en la vida que lo que estaba sintiendo en ese momento y que los sentimientos no miden la fe. C. S. Lewis le escribió a un amigo emocionado con su nueva fe:

> Es verdad que puedes sentir que "algo hermoso" te ha pasado... acepta estas sensaciones con agradecimiento, como una tarjeta de cumpleaños de Dios, pero recuerda que sólo es un saludo y no el

verdadero regalo. Quiero decir que las sensaciones no son lo real. Lo real es el regalo del Espíritu Santo que usualmente puede ser, quizás no siempre, experimentado como una sensación o emoción. Las sensaciones son apenas la respuesta de tu sistema nervioso. No dependas de ellas. De lo contrario, cuando se vayan estarás nuevamente destruido emocionalmente (que seguro lo estarás muy pronto) y pensarás probablemente que lo real también se ha ido. Pero no es así. Estará allí aún cuando no lo puedes sentir. Podrá incluso estar más operativo cuando lo sientas menos.[3]

La casa limpia de depresión necesita los muebles nuevos de esperanza, y el cuidado pastoral se encarga de enviarlos directamente desde la cruz, lo que nos asegura que Dios está con nosotros en el sufrimiento y se hace conocer como el salvador de nuestras depresiones de la vida así como también del gozo de la vida eterna.

Una familia de apoyo

Además de los muebles nuevos de esperanza, una casa limpia de depresión también necesita una familia de apoyo que viva en ella. Robin ha sido hospitalizada por depresión tantas veces que las enfermeras se quejaron cuando escucharon que sería reingresada. El comportamiento de Robin en la unidad no era particularmente difícil de manejar, pero cualquier intento real de ayuda en las frecuentes recaídas de depresión había sido un fracaso.

Robin respondía a mis visitas sin entusiasmo, pero por lo menos estaba dispuesta a aceptarlas y a verme como alguien enviado por Dios a su desafortunada vida. Cuando superó la depresión y estaba preparada para irse, acordamos que me llamaría una vez a la semana para que me informara como le iba. También acordamos en agrandar su familia de apoyo, que además de mi cuidado espiritual, incluyera a una congregación local. Llamé a un pastor cerca de su casa y le pregunté si podía encontrar un trabajo voluntario para ella en la iglesia, como cuidar personas. Ansioso por ayudar, el pastor creó un trabajo para ella en la oficina, en donde estaría con

---

3   *Letters of C. S. Lewis*, editado por W. H. Lewis (New York: Harcourt, Brace, and World Book, 1966), 241.

otras personas. Poco tiempo después de esto, Robin empezó a asistir a los servicios de adoración.

En el pasado, muchas cosas hicieron que cayera la esperanza de Robin de superar su destructivo estilo de vida y su depresión. Por un lado, Robin era el objetivo de frustración y hostilidad de su familia siempre que necesitaban echar fuera sus frustraciones de la vida. Si sus hermanas empezaban a tener problemas maritales, se lo cargaban a Robin. Si sus padres se emborrachaban, abusaban de ella. Los viejos conocidos de Robin en la calle sólo oscurecían esta imagen ya sombría. Todas las personas que conocía estaban igualmente dañadas por la violencia y el abuso, por lo que no podía esperar nada de ellos. Robin necesitaba una nueva familia, una familia de apoyo espiritual, mientras continuaba viviendo con su familia de origen. Jesús incluye personas como Robin en sus oraciones: "No te pido que los quites del mundo, sino que los protejas del maligno"[4]

Después de que Robin dejó el hospital, hablamos por teléfono todas las semanas por lo menos seis meses. A veces cuando tenía pensamientos suicidas, Robin llamaba varias veces a la semana. Luego de dos años y medio y pocas llamadas, Robin perdió todo contacto pero acordó comunicarse nuevamente si necesitaba ayuda. Su pastor me mantuvo informado y me aseguraba que estaba bien y que había encontrado primero en mí y luego en la congregación la familia que necesitaba.

Uso la analogía de la casa limpia descrita por Jesús como una manera de visualizar el cuidado pastoral hacia el que sufre depresión. El pastor puedo apoyar la necesidad de *una limpieza* (atención médica y consejería), la necesidad de *muebles nuevos* (esperanza) y la necesidad de una *familia de apoyo* (la congregación).

La depresión y el suicidio

El caso de Robin nos lleva a preguntarnos cómo entender y responder a las amenazas de una persona con depresión o a los intentos de suicidio. De vez en cuando, los pacientes que ingresan a la unidad de psiquiatría me dicen que la única razón por la que no tratan de suicidarse es porque creen que sería un error ante los ojos de Dios. Un paciente expresó sus miedos claramente: "Si atento contra mi propia vida, iré al infierno." Siempre

---
4   Juan 17:15.

afirmo esta posibilidad. En este momento un juicio moral puede servir como una medicina preventiva pastoral. Aquellos que hacen gestos suicidas están jugando con fuego eterno. Y yo les recuerdo: "'Ustedes no son sus propios dueños; fueron comprados por un precio."[5] El suicidio es algo equivocado, y puedes cortar el lazo con la única esperanza que tienes."

También les he dicho a los pacientes: "Quiero que me prometas que no intentarás suicidarte." Generalmente, pueden mantener esta promesa porque una persona se preocupa lo suficiente como para querer prevenirlo. Usualmente completo esta prohibición con un pedido: "Si sientes ganas de suicidarte, llámame." Hacer estas promesas construye un lazo (si no una dependencia temporal) que saca a la persona suicida de sí misma. Es especialmente necesario que la familia de apoyo continúe el cuidado de una persona depresiva después de haber intentado suicidarse.

La familia de fe, la congregación a la que asiste la persona, necesita afirmar los mismos dos puntos. Las personas deben comunicar su desaprobación ante los intentos de suicidio, pero también deben expresar palabras de amor y perdón cuando hay arrepentimiento. Cuando la persona con depresión siente que Dios no escucha sus gritos de auxilio hasta el punto de conducirla al suicidio, la voz de Dios puede otra vez ser escuchada por aquellos que ayudan a las personas depresivas a rehacer sus vidas. Parte de esta reconstrucción de vidas presenta un juicio moral contra el suicidio, y otra parte alcanza con amor y apoyo sin importar cuántas veces se haya atentado contra la vida.

La depresión y la culpa

Aunque no toda la depresión puede entenderse como culpa (como en el caso de Claudia) y aunque algunas depresiones parecen tener orígenes orgánicos no relacionados con las circunstancias de la vida, todo cuidado pastoral hacia las personas con depresión reconoce el pecado y la gracia e intenta ofrecer esperanza y nueva vida a aquellos que sienten que están viviendo bajo la sombra de la muerte. Asimismo, el cuidado pastoral reconoce que todos somos pecadores que vivimos en un mundo caído, que todos somos los creadores de esta caída y debemos enfrentar nuestra responsabilidad individual ante Dios.

---

5   1 Corintios 6:19-20.

Las personas con depresión frecuentemente tienen un sentido de culpa que no pueden relacionar con ninguna causa. La culpa generalizada es distorsionada y fuera de proporción con relación a las trivialidades que identifican como su fuente. Sería insensato que el pastor tomara en serio esa trivialidad en este caso, mucho más ofrecer absolución a algo particularmente trivial. La oferta de absolución no aliviará la culpa, y la persona se sentirá mucho más desanimada. En este caso, lo que necesita la persona con depresión es, más que absolución, la seguridad de que la promesa de Dios nunca la dejará ni lo abandonará

La depresión y la fe

Los miembros con depresión casi siempre sienten que han perdido la fe: dudan de que Dios los cuida o incluso de que existe un Dios. Debido a que las personas frecuentemente igualan su fe con sus sentimientos, concluyen que, al haber perdido sus buenos sentimientos hacia Dios, entonces también han perdido a Dios. Necesitan estar seguros del cuidado de Dios en lugar de empujarlos a tener más fe. Tanto la palabra del pastor como su presencia expresan el cuidado de Dios. Las visitas frecuentes o regulares del pastor (su identidad como pastor habla tan fuerte como su cuidado personal) son muy importantes. En la visita del pastor el deprimido se enfrenta cara a cara con el recuerdo visual de que Dios no lo ha olvidado. Incluso debo decir a algunos: "Se que sientes que Dios te ha abandonado, pero estoy aquí como señal del cuidado de Dios hacia ti." Como mencioné anteriormente, la presencia del pastor es la promesa cumplida de que Dios "nunca te dejará ni abandonará". Nosotros que no sufrimos depresión necesitamos llevar la carga de aquellos que la tienen y ayudarlos en el camino de este valle de sombra de muerte.

TIPOS Y SIGNOS DE DEPRESIÓN

Mientras que los pastores y otros cuidadores espirituales necesitan pensar pastoral y teológicamente sobre la depresión y otras enfermedades mentales, es de igual importancia para ellos aprender el lado humano al identificar los tipos y signos de depresión. No debemos jugar el papel de psiquiatras amateurs, pero para ayudar al deprimido, es bueno tener un poco de conocimiento.

SENTIRSE ABATIDO: LA DEPRESIÓN

La depresión, algo que interfiere con el diario vivir, entra bajo el diagnóstico clínico de trastorno del estado de ánimo. Estos trastornos incluyen tanto trastornos depresivos (sólo sentimientos de depresión) y trastornos bipolares (sentimientos de depresión y euforia). Los trastornos depresivos son esos largos episodios de depresión que duran meses sin aliviarse. Los trastornos bipolares, por otra parte, están caracterizados por un cambio de estado de ánimo entre los polos de la depresión y de la euforia. Los síntomas de un periodo alto o maníaco de un trastorno bipolar incluyen baja autoestima, disminución del sueño, ideas fugases, excesiva actividad y la incapacidad de concentrarse en una actividad. Los miembros maníacos se ofrecen como voluntarios para todo, nunca quieren decir no. Una persona con una personalidad maníaca dentro de la congregación es excesiva y exageradamente religiosa, entrometida y dominante, desorganizada, y tiene una cualidad extraña.

Por otra parte, un trastorno depresivo severo se expresa como una pérdida del placer o interés en todas o casi todas las actividades. Los síntomas comunes de depresión incluyen un sentimiento de vacío, tristeza o ansiedad continua, cansancio y perdida de energía, problemas de sueño, despertarse temprano en la mañana, problemas de comida y ganancia o perdida de peso, llanto frecuente, dificultad para concentrarse, olvidarse de muchas cosas, sentimiento de que el futuro luce sin esperanza, y pensamientos suicidas. A diferencia de una persona normal quien puede presentar uno o más de estos síntomas, la persona con una depresión severa tiene prácticamente todos estos síntomas.

Todos tenemos momentos (horas o días) en los que nos sentimos eufóricos o con un poco de depresión. Estos sentimientos están asociados con las razones apropiadas que provocan la alegría o la tristeza. Por ejemplo, prepararse para una boda (euforia) o perder una persona amada (depresión). Sin embargo, la depresión normal, debido una situación difícil, puede a veces convertirse en una depresión severa. Es importante que el pastor reconozca los trastornos depresivos o bipolares para aconsejarle ayuda psiquiátrica a un miembro con depresión.

A las personas con depresión severa no se les puede solamente hablar o aconsejar para que salgan de su depresión. Como dijo un psiquiatra: "Las terapias basadas en consejos, son tan eficaces como sanar una herida con consejos." El que sufre depresión severa debe ser dirigido a recibir ayuda, ya que no lo hará por sí mismo. Alguien debe tomar la iniciativa, preferiblemente un miembro de la familia, quien ordena al que tiene depresión, a pesar de todas las protestas, a ver a un médico. Expresar simpatía a una persona deprimida sólo añade más depresión. El cuidado directo es necesario; la empatía es contraproducente. La depresión debe ser entendida como un problema dentro de un marco de tiempo limitado, que empieza y termina, en el que el pastor camina con la persona a través de su vacío para ayudarla a ver la presencia de Dios. El pastor actúa bien al hacer esto mientras la persona esta también bajo cuidado psiquiátrico.

LA TEOLOGÍA DE LA CRUZ Y LA DEPRESIÓN

Desde un punto de vista espiritual, las personas con depresión tienden a sentir más la realidad de un mundo caído que aquellas personas que no sufren tal trastorno. Isaías expresa el sentimiento que tiene un miembro con depresión: "Tú… eres un Dios que se oculta."[6] En una depresión más severa, la persona es una víctima, no un participante voluntario, en su propia depresión. Al mismo tiempo, un intento de suicidio necesita ser desaprobado, no tenerle simpatía; perdonado mas no tolerado. Aunque es siempre importante enseñarles a las personas deprimidas que sean responsables de sus actos, no es apropiado que se les haga responsables de sus sentimientos de depresión.

En medio de la depresión, los miembros tienen la oportunidad de experimentar la gracia en momentos de completa impotencia como parte de la teología de la cruz. Lutero dijo: "Es cierto que el hombre puede desesperarse completamente por su propia habilidad antes de que esté preparado para recibir la gracia de Cristo."[7] Siempre he encontrado a las personas con depresión receptivas a la gracia. La gracia es la materia prima que la iglesia necesita hacer evidente a través de la voluntad del pastor de enfrentar con ellos la situación y ayudarlos al mismo tiempo a reconocer, objetivamente, que Dios los cuida. La tarea del pastor es pararse al pie de la cruz con el miembro con depresión para que Dios le aumente las ganas de vivir otra vez.

---

6   Isaías 45:15.
7   *LW*, 31, 51.

La ética médica

Después de haber estado en Cuidado Intensivo por varias semanas, Maggie fue asignada a la sala de Cuidados Intermedios. En sus 54 años, ha estado cerca de la muerte en varias ocasiones durante su hospitalización y ahora, por primera vez, parecía estar estable. Todas sus complicaciones médicas han sido resueltas menos una: Maggie no podía separarse del ventilador que la ayudaba a respirar. Sin poder hablar, pero consciente y contenta, se comunicaba escribiendo y por movimientos claros que hacia con su boca. Su comunicación y claridad de pensamiento eran buenas, pero Maggie dependería del ventilador por el resto de su vida.

Sorpresivamente, Maggie no estaba devastada por esta noticia. Estaba alegre porque estaba viva. Sin embargo, su médico no estaba satisfecho con el resultado de sus esfuerzos médicos y le presento a Maggie la idea de escoger la vida o la muerte. Debido a que Maggie y yo ya habíamos desarrollado una relación pastoral durante su penosa experiencia, su médico me pidió que tuviera una última oración con ella antes de que le apagara el ventilador para "permitirle su muerte".

Me sorprendió esta decisión tan repentina y le pregunte si Maggie había empeorado. Me respondió que no, pero que le había propuesto la opción de morir. Aún sorprendido por la decisión de esta mujer de terminar con su vida, le pregunte cómo sucedió. El médico me dijo que él la había metido en ese "desastre" y que era su tarea sacarla de allí. Luego, continuó diciéndome que ya le había comentado sobre esta opción en varias ocasiones pero que aunque ella le había dado como respuesta un rotundo no en tres oportunidades, en su cuarto intento le dijo que "siempre viviría con ese ventilador y que ésa no era vida y que le estaba costando mucho dinero al hospital y a la sociedad cuidarla". Luego añadió: "Maggie volteó la cara a un lado y lo tomé como un sí."

Durante la noche, mientras ella dormía, el médico comenzó a apagarle el ventilador. Me pidió que orara con ella antes de que lo apagara por completo. Realmente, me estaba pidiendo mi bendición sobre su decisión de acabar con la vida de Maggie.

No acepté. Y para demostrar mi desacuerdo con su decisión, trate de ministrar tanto al médico como a Maggie. Le dije: "Esto no es correcto. No puedes hacerlo." Nuestra discusión, calmada pero animada, duró media hora en el pasillo con enfermeras que pasaban obviamente molestas por mi desacuerdo. Al ver que no pude disuadir al médico, le dije: "Creo que estás haciendo algo incorrecto, pero si lo haces también quiero estar presente para cuando te des cuenta de lo que has hecho." Ya que había bajado el ventilador hasta el punto de que Maggie quedara inconsciente, no oré en el cuarto de Maggie sino en mi oficina.

ENTENDER LOS TIEMPOS

Individualismo

Es importante entender los tiempos en los cuales se exponen los dilemas de nuestra ética médica actual. Por generaciones nos hemos alejado de la integración física, espiritual y moral producida por el cristianismo a las percepciones estrechas y crecientes del individualismo, relativismo, y utilitarismo de la era moderna.

La responsabilidad individual ante Dios y la responsabilidad hacia el prójimo, aspectos legítimos de la vida cristiana, han sido sustituidas por el individualismo. Al igual que todos los "ismos", el individualismo convierte a la responsabilidad individual en un falso dios. El individualismo es la individualidad legítima transformada en egocentrismo y egoísmo. En discusiones actuales de la ética medica, el lenguaje de los "derechos del paciente" y "el derecho a escoger" hace subjetivo todo criterio moral.

Relativismo

Además de esto, el relativismo, una reacción contra la verdad moral, sostiene que no hay ningún bien moral objetivo. La vida se hace significativa, no en lo que escogemos, sino por la virtud que representa por sí mismo el acto de escoger. Pero el resultado en lugar de ser una vida con sentido, es un caos moral. Todo ello trae como consecuencia el actual estado de la ética médica.

Utilitarismo

Al llenar el vacío creado por el relativismo, el utilitarismo es el virus ético más destructor de todos. La utilidad, la actitud de que "si funciona, hazlo" se ha convertido en la guía primaria al momento de tomar decisiones. El utilitarismo no se preocupa por el carácter moral o sus consecuencias. Lo que funciona, funciona. Si la utilidad se pierde en medio de la enfermedad o la vejez, entonces la vida ya no tiene más valor. Las implicaciones en la toma de decisiones de la ética médica son evidentes por sí mismas, como se ilustró en el caso de Maggie. A los ojos del médico, la inutilidad de Maggie (y por ende, su desvalorización) para ella misma y para la sociedad, eliminó cualquier razón para seguir viviendo.

El juramento hipocrático de honradez profesional prestado por los médicos

El crecimiento del individualismo, relativismo, y utilitarismo ha opacado la lealtad del juramento hipocrático al que los médicos han rendido fidelidad desde hace unos 2400 años. Desde mediados de los años 70, son pocas las escuelas de medicina que piden a sus estudiantes que hagan tal juramento. Además de esto, la decisión de la Corte Suprema en 1973 sobre el aborto fue una burla a las siguientes palabras:

> *Me valdré del tratamiento para ayudar al enfermo según mi habilidad y juicio, pero nunca con la idea de perjudicar o realizar mala práctica. Tampoco administraré veneno a ninguno que lo solicite (eutanasia), ni sugeriré tal maldición. De igual forma, no le daré a una mujer un pesario para causarle el aborto.*[1]

Aún hasta las escuelas de medicina que continúan haciendo uso del juramento hipocrático están borrando estas prohibiciones contra el asesinato. Sin embargo, siento cada vez más que algunos médicos jóvenes no

---

1   El juramento hipocrático.

se sienten cómodos con estas supresiones. Al hablar con estudiantes de 22 años en el primer año de medicina en un seminario de medicina y religión, pude observar su indignación moral al darse cuenta de que la profesión médica ha sucumbido ante el espíritu de la época y se ha apartado del camino principal de la medicina.

Es obligatorio que el pastor entienda la dinámica de la toma de decisiones ética de los médicos cuando se apartan del "no hacer daño"[2] absoluto a otros estándares. La antigua forma de tomar decisiones éticas, representada por el juramento hipocrático así como por el pensamiento judeo-cristiano, es afirmar que hay absolutos que no pueden ser violados. Ya sea que estén inscritos en los Diez Mandamientos o en un código como el juramento hipocrático o simplemente en el corazón humano, la verdad del "no matarás" había sido hasta ahora universalmente aceptada.

Sin embargo, en casos específicos de la ética médica, citar un absoluto ya no es suficiente. Una cosa es decir "no matarás", pero no es tan fácil aplicar las palabras en medio de la complejidad de la tecnología médica moderna. Por ejemplo, la persona que rechaza la intervención médica debido al aborrecimiento por "el apoyo de vida" pueda que no la reconozca como un abandono injustificado o como un asesinato. Por otro lado, insistir que todas las posibilidades tecnológicas deben ser usadas puede que no permita que un paciente con enfermedad terminal muera en paz. Digámoslo de otra forma, el miembro que dice que "quiere que se le haga todo" puede ser tan inapropiado como aquel que dice "no quiero que me hagan nada".

Es triste decir que las decisiones éticas en la actualidad son tomadas comúnmente no por seguir absolutos tales como "no matarás" sino por sentimentalismo y por la ética de "sentirse bien" que sostiene que "si se siente bien, es porque debe estar bien". En nuestra época no hay grandes pensadores, y el avance tecnológico no implica sabiduría en el uso de lo que creamos o de cómo lo usamos. Los médicos y pacientes mejores intencionados algunas veces pueden tomar decisiones que no están basadas en razonamientos bien pensados, sino en impulsos sentimentales.

Más aún, una interpretación amplia de los derechos civiles hoy en día ha eliminado la razón y ha promovido el sentimentalismo en lugar de

---

2 Ibíd.

todos los absolutos. Un miembro de la familia que se siente en medio de un dilema ético posiblemente no busque un verdadero consejo en otros sino que confíe en lo que ha aprendido de los programas de entrevista de la televisión (entretenimiento con apariencia de conocimiento). Sin una tradición sólida de la medicina y la fe para guiarlas, estas personas, al momento de tomar una decisión, pensarán que están liberadas cuando en realidad se están guiando por las normas superficiales reflejadas en el sensacionalismo y sentimentalismo de los medios. Los pastores tienen el desafío de alertar a los miembros de la singularidad de la vida y fe cristiana frente a tal propaganda de los medios.

El juramento hipocrático también ha sido echado a un lado por simple "conveniencia". Si un paciente está sufriendo, es "conveniente" quitarle la comida y el agua para que muera y así terminar con su sufrimiento, aún cuando el paciente no se esté muriendo. O, si al cuidar a un enfermo, se anticipa una vida dolorosa, se puede hacer la opción "conveniente" de acabar con su vida. En raras ocasiones, evitar el sufrimiento y la pena posiblemente jueguen un papel secundario al momento de escoger el tratamiento, pero la conveniencia nunca puede justificar la muerte intencional de nadie.

Finalmente, una influencia peligrosamente sutil y tonta al tomar decisiones puede ser la denominada "ser gentil". Esta actitud no descansa en absolutos, en sentimentalismos ni en conveniencias, sino que atrae a lo que llamamos tentadoramente "decencia común", como: "Ponemos a los animales a dormir; ¿por qué no también a los seres humanos? Algunos que quieren ser de mente abierta sostienen que la decisión de acabar con la vida de otro a veces es sólo "sentido común" en vista de todo lo que han vivido. Recuerdo a una enfermera que preguntó "¿Por qué están dejando vivir a esta persona?" Es una actitud desconsiderada. La intolerancia al sufrimiento, la nuestra o la del paciente, nos presiona a acabar con ello y continuar con nuestra propia vida. Aunque alguien puede simpatizar con esta frustración, es un pecado despachar a otros como cargas de las cuales debemos deshacernos, con la excusa de querer "ser gentiles" con ellos.

LA TEOLOGÍA DE LA CRUZ: UNA ÉTICA CRISTIANA

Los cristianos están parados en la encrucijada de la ética médica. Enfrentados con la opción de escoger la muerte en las manos de una sociedad deteriorada, los cristianos deben escoger la vida al pie de la cruz. Los derechos de tolerancia, la carga económica de cuidar a alguien y la calidad de vida casuística, todos argumentos para acabar con la vida, no deben ser convincentes para el cristiano que quiere hacer lo que es correcto y fiel ante los ojos de Dios. La base del cristiano en la toma de decisiones está en el entendimiento de quiénes somos, qué significa la vida, y cómo Dios se relaciona con nosotros. Nuestros valores, creencias y moralidad se originan en todo lo que Dios nos dice sobre el pecado humano, la necesidad de redención, y la promesa de que todas las cosas son para el bienestar de los que aman a Dios.

No es de sorprender que en el centro del mundo del individualismo, relativismo, y utilitarismo exista el temor de ser incapaces y de no tener control sobre nuestras vidas en la enfermedad o a medida que envejecemos. Este temor de ser incapaces, presentada en la búsqueda sensacional de los medios, describe la profesión médica como aquella que sádicamente disfruta de nuestra incapacidad para su propio beneficio.

En respuesta al temor por la incapacidad, nuestra cultura ha producido los *Testamentos Vivientes* y el *Apoderado del Cuidado de la Salud*, creyendo con ello resolver con anticipación la posibilidad de encontrarnos débiles en tiempos de enfermedad. Las directivas médicas no son malas en sí, pero su interés por los temores a la incapacidad y la pérdida de control debe ser analizado. Un video promocional producido por un centro bioético le asegura al participante: "El espectador es dirigido a ver que ejecutar una directiva de tratamiento de salud junto con un Apoderado del Cuidado de la Salud es una de las acciones más afirmantes de la vida que cualquiera pueda tomar, porque permite el control de la vida hasta el final."[3] La tentación de tomar el control de nuestras vidas debe ser identificado como lo que es: pecado, "…cuando coman de ese árbol… llegarán a ser como Dios".[4] Una idea mejor es confiar nuestras vidas a Dios, especialmente en

---

3   Panfleto "Living Choices" (Urbana, Illinois: Baxley Media Group).
4   Génesis 3:5.

momentos de incapacidad. Vivir al pie de la cruz nos recuerda que, precisamente cuando nos sentimos incapacitados y admitimos nuestra pérdida de control sobre nuestras vidas, Dios se nos revela y nos vuelve a moldear. Pablo dice: "A la verdad, como éramos incapaces de salvarnos, en el tiempo señalado Cristo murió por los malvados."[5]

El miedo a la incapacidad es la última cosa que los cristianos necesitan temer. Nos alimentamos de incapacidades y vivimos por gracia. Finalmente, la obediencia de fe es presentarnos a Dios con nuestra incapacidad y confiar en él sin importar lo que venga. Jesús prometió: "El que encuentre su vida, la perderá, y el que la pierda por mi causa, la encontrará."[6] Perdernos en Cristo nos transforma de víctimas a testigos. Por nuestro deseo de vivir con el sufrimiento, testificamos la verdad de que "Ustedes no son sus propios dueños: fueron comprados por un precio. Por tanto, honren con su cuerpo a Dios."[7]

El sufrimiento de Cristo en la cruz escondió su gloria. De igual forma, la gloria que le damos a Dios en nuestro sufrimiento también está escondida, aunque es muy real. Posiblemente nos preguntemos: "¿Dónde está Dios cuando lo necesito?" He visto pacientes que han sido golpeados por el silencio que sigue a esta pregunta, dejan de orar porque dicen que han perdido la fe. Creen que están experimentando el abandono que sintió Jesús cuando exclamó: "Dios mío, Dios mío, ¿por qué me has abandonado?"

A la pregunta: "¿Dónde está Dios cuando lo necesito?" la teología de la cruz responde: "Él está en la cruz, donde más lo necesitas. Allí Jesús cumplió la promesa de Dios para ti: "...ni la muerte ni la vida... ni cosa alguna en toda la creación, podrá apartarnos del amor que Dios nos ha manifestado en Cristo Jesús nuestro Señor."[8] Allí descubrimos que "Dios dispone todas las cosas para el bien de quienes lo aman, los que han sido llamados de acuerdo con su propósito."[9]

En resumen, hemos sido llamados para vivir fielmente a Dios en medio de nuestras enfermedades y sufrimientos. Podemos utilizar cualquier

---

5   Romanos 5:6.
6   Mateo 10:39.
7   1 Corintios 6:19-20.
8   Romanos 8:38-39.
9   Romanos 8:28.

recurso médico que Dios nos da para asegurar la vida; aunque cuando los ofrecimientos médicos proporcionan una ayuda limitada o añaden más a nuestro sufrimiento, puede ser aceptable abandonar el tratamiento y simplemente mantener cómoda a la persona moribunda para que pueda morir en paz. Los hospicios ofrecen este tipo de comodidad. Sin embargo, es importante que el cristiano objete cualquier acción que intencionalmente lleve a la muerte. Esperar pacientemente la muerte se convierte en un acto de fe. No es como que si nada estuviera pasando cuando el cristiano espera. Mientras esperamos que el Señor actúe, Dios esta obrando con las circunstancias de nuestras vidas para hacer lo que es bueno y correcto para nosotros. Caminamos por fe, no por lo que vemos, "…no nos desanimamos. Al contrario, aunque por fuera nos vamos desgastando, por dentro nos vamos renovando día tras día".[10]

LA FUNCIÓN DEL PASTOR EN LA TOMA DE DECISIONES ÉTICAS

Muchos pastores pueden sentirse incómodos al tener discusiones cara a cara con un médico o un moralista que maneja un vocabulario y una tecnología desconocidos para ellos. Pero aun siendo ignorante en cuanto a la tecnología clínica y el lenguaje ético, ningún pastor debe decir que está inhabilitado, desinteresado, o que es renuente a pensar teológicamente. El estudio de las Sagradas Escrituras, el conocimiento de la historia de la iglesia, y la sabiduría acumulada de la fidelidad forman la base para establecer la conexión entre nuestro Señor Jesucristo y la ética médica. Más aún, estar de acuerdo con la ética de la teología de la cruz coloca al pastor en una posición importante y critica al momento de discutir dilemas éticos.

Proporcionar cuidado a los pacientes y familiares que enfrentan dilemas éticos requiere que el pastor funcione como defensor, clarificador, comunicador, y como aquel que dice la verdad. Estas funciones del pastor serán de gran ayuda al determinar si los dilemas son reales o imaginarios.

Un dilema ético verdadero confronta a la persona con difíciles opciones, pero con las que de cualquier forma puede vivir. Un dilema ético imaginario identifica las opciones que, de hecho, no son opciones para el cristiano fiel. Por ejemplo, un dilema real existe cuando se debe escoger

---

10 2 Corintios 4:16.

entre (a) administrar medicina para aliviar el dolor que pueden intencionalmente recortar la vida o (b) permitirle a la persona que sufra el dolor y viva por más tiempo. Este tipo de dilema puede ser resuelto a través de la intercesión, la aclaración de las implicaciones médicas, una mejor comunicación entre el médico y el paciente, o diciendo la verdad. Un dilema ético imaginario es cuando tenemos la opción entre la vida, o intencionalmente provocar la muerte de uno mismo o de otro (como cuando un médico ayuda al suicidio o en la eutanasia). Ya que quitarse la vida o quitársela a otro no es una opción para el cristiano, éste no necesita ver esta situación como un dilema ético que debe ser enfrentado, mucho menos decidido. Dios ha hecho esa decisión por nosotros.

Algunos dilemas son hechos por el hombre cuando nos enfocamos en las preguntas equivocadas. Para evadir el problema real de la fidelidad, el enfoque pasa a un problema periférico tal como el debate sobre *quién* tiene el derecho de escoger en vez de *qué* es escogido. (Es difícil para los no creyentes entender que los cristianos preferimos escoger la vida con el sufrimiento y no la muerte por nuestras propias manos o las de otros).

El pastor como intercesor

Uno de los papeles que juega el pastor es de intercesor. Aunque la función de intercesor es probablemente más profética (enseñanza) que pastoral (alimentación), a veces el pastor debe obrar a favor del débil e incapacitado. Su papel no es para forzar lo que quiere sobre su adversario sino enseñar y hablar apaciblemente de parte del paciente o sus familiares. Mi encuentro en el pasillo con el médico de Maggie fue tal intento. Es muy probable que el pastor encuentre el lugar físico para actuar como intercesor en la sala de Cuidados Intensivos, si es que pude estar presente cuando ocurre la discusión entre el miembro y el médico. El pastor gentilmente puede lanzar la pregunta correcta o presentar opciones que no han sido pensadas por ninguna de las otras partes. Interceder no necesita convertirse en una relación adversaria con el médico o el miembro. También, es especialmente útil cuando el paciente y/o los familiares no tienen la habilidad verbal para decir lo que necesita ser dicho. Como intercesor, el pastor, al hablarle al médico, debe decir algo así: "Creo que lo que el Sr. Fulano está tratando de decir es…"

El pastor como clarificador

Otra forma de cómo el pastor puede ayudar a las personas que enfrentan dilemas éticos reales es cumpliendo el papel de clarificador. Ha habido momentos en los que después de sentarme con un miembro de la familia que ha sido confrontado por un dilema ético, le pregunto: "¿Qué fue lo que le escuchaste decir al médico?" En una ocasión, la esposa de un paciente me dijo: "El médico me dijo que si mi esposo no era operado, moriría." En realidad, lo que el médico dijo fue: "Si no es operado, pasará el resto de su vida en una silla de ruedas." Para la esposa del paciente estas dos cosas eran similares. Algunas veces, lo que parece un dilema ético es realmente un problema de mala interpretación.

Si el paciente o los familiares le dicen al médico que quieren que incluyan al pastor en las conferencias de la familia en el hospital, el pastor tendrá oportunidad de ser un observador de gran ayuda que puede aclarar la situación cuando sea necesario. La aclaración puede ser necesaria, por ejemplo, para entender términos como "muerte cerebral", "alimentación artificial" o "medidas heroicas", términos cargados de emotividad utilizados frecuentemente para persuadir en lugar de aclarar. El médico que se refiere a su paciente como "vegetal" en lugar de una persona severamente incapacitada está infiriendo que el paciente estaría mejor muerto que vivo. Sin tratar de avergonzar al médico, el pastor puede querer llamarle la atención en presencia del miembro. Los médicos también son afectados por las populares actitudes negativas hacia los incapacitados o impedidos, y algunas veces piensan que el paciente o sus familiares no quieren que alguien viva bajo esas circunstancias. Más de una vez he escuchado a un médico decir: "No me gustaría que mi madre viviera de esa forma", infiriendo que cualquiera que lo hace es cruel. La tarea del pastor como clarificador es crucial.

El pastor como comunicador

Mientras que la tarea del pastor como clarificador está principalmente dirigida a ayudar al paciente o a sus familiares a entender el médico, la función del pastor como comunicador tiene como objetivo ayudar al médico a entender al paciente. Por ejemplo, un médico puede preguntar: "¿Qué quiere que hagamos?" y proponer opciones en las cuales las implicaciones significativas, intencionales, y éticas no están claras. En lugar de pensar en el próximo paso presentado por el menú de opciones del médico, un miembro de la familia debería decir claramente: "Quiero que haga lo que es mejor. Si el paciente está muriendo y hay pocas o ningunas esperanzas de recuperación, entonces quiero que lo hagas todo por mantenerlo cómodo pero sin adelantar su muerte." Esto vuelve a poner la responsabilidad en las manos del médico, en donde creo que debe estar, y establece límites en las acciones del médico. Ya que muchos familiares no piensan claramente en momentos de estrés, el pastor debe ayudar a comunicar este mensaje. El pastor no lo comunica deliberadamente, sino que enseña al miembro de la familia a hacerlo.

El pastor también puede ayudar a la familia a pensar en nuevas opciones, tomando en consideración las diferencias de opinión entre los familiares. Dos hermanas, preocupadas por hacer lo correcto por una tercera hermana, estaban en desacuerdo. Una no quería que se le hiciera nada más a su hermana moribunda, y la otra quería que se le hiciera todo. Al discutir la situación con ellas descubrí las razones resaltantes de cada uno de sus puntos de vista. Una hermana quería que se le hiciera lo que se pudiese porque no quería ser la causa de la muerte de su hermana. La otra hermana no quería nada porque no quería que su hermana siguiera sufriendo más de lo que ya había sufrido. Ambas hermanas tenían preocupaciones válidas. Ya que su hermana estaba muriendo, sugerí que no se le administrara nada nuevo y que se continuara con el tratamiento que tenía. De esta forma, se estaba apoyando cualquier oportunidad de recuperación, mientras se dejaba su vida en las manos de Dios. Aceptaron esta solución. Luego los tres juntos hablamos con la enfermera, quien le comunico la decisión al médico. El médico estuvo de acuerdo con la decisión y apreció mi intervención.

El pastor como el que dice la verdad

Otro papel que juega el pastor es el del que dice la verdad. En la actualidad, hay una aceptación creciente de la muerte como algo natural y hasta gratificante. Para aquellos que aceptan esta presuposición es fácil escoger la muerte aun cuando la vida es una opción viable. Ver la muerte simplemente como algo natural es ingenuo e ignora la imperfección de la naturaleza humana que los cristianos llamamos pecado. Además, la decepción generalmente acompaña a esta presuposición. Por ejemplo, las personas hablan de "permitir" que una persona muera, cuando lo que realmente quieren decir es "causar" la muerte a una persona. En la creencia de que el sufrimiento le da un sin sentido a la vida, se propone la muerte como un tratamiento.

El pastor como aquel que dice la verdad trae buenas noticias en Cristo Jesús. El pastor le recuerda al que sufre que las presuposiciones cristianas son diferentes de las del mundo, y que existe una distinción importante entre la muerte como el resultado de nuestras opciones y la muerte como el objetivo de nuestras opciones. Si el médico ofrece un tratamiento que da como resultado la muerte, eso es pecado.

El pastor como el que dice la verdad también puede ayudar a que el miembro evalúe la opción de un nuevo tratamiento usando los criterios de Gil Meilaender de "inutilidad" y "carga".[11] El tratamiento *inútil* es aquel que está disponible pero proporciona poco o ningún beneficio médico al paciente. Sin embargo, cualquier tratamiento médico que sostenga la vida de un paciente (como la alimentación por tubo de una persona incapacitada pero capaz de vivir), no es médicamente inútil. Ciertamente, a nadie le gustaría vivir de esa forma, pero la fidelidad significa vivir con lo que sea que Dios nos da en la vida.

El tratamiento que es una *carga* se refiere a aquel que aumenta el sufrimiento convirtiendo así al tratamiento en una carga más pesada que la enfermedad. Este tratamiento puede ser legítimamente, pero no necesariamente, rechazado. Esto no siempre se aplica al tratamiento que exitosamente puede invertir una condición terminal. El tratamiento que causa un severo sufrimiento físico y emocional puede algunas veces ser rechazado, no como un rechazo a la vida sino al dolor. Por ejemplo, un paciente que ha tenido múltiples operaciones y que ahora tiene una enfermedad terminal puede finalmente decidir no realizarse una nueva operación debido al agotamiento físico o emocional, y esperar vivir la vida que Dios le ha dado hasta que él decida lo contrario.

La tarea del pastor como el que dice la verdad será mucho más importante que dar absolución a motivaciones menos que perfectas

---

11 Gilbert Meilaender, "Ethical Decision Making at the End of Life," una monografía presentada en Doctor/Clergy Day, Columbia Hospital, Diciembre 6, 1991.

(pecaminosas). Aun hasta la mejor de las opciones puede ser tomada por menos que la mejor de las razones. La moralidad cristiana no está basada en hacer lo mejor sino en que Dios ha hecho lo mejor para nosotros en Cristo Jesús. No queremos burlarnos de la responsabilidad que tenemos frente a la toma de decisiones éticas al final de la vida. Dios nos anima a que obremos con valentía frente a las opciones que son menos que ideales, sabiendo que vivimos por gracia.

La tarea más difícil del pastor es convencer del pecado al que sufre, invitándolo a confesarse, por ejemplo, su rabia por el cuidado bien intencionado pero inepto de su esposa o su manipulación a las enfermeras o su relación irreconciliable con Dios. Puede que no sea el sufrimiento físico el que choque sino el darse cuenta del pecado. Es entonces que la sanidad ofrecida por las palabras de perdón del pastor representa una luz en la oscuridad de la vida de la persona que sufre.

Epílogo: bajo la cruz

En las páginas anteriores he tratado de ofrecer no tanto una teoría de cuidado pastoral sino mi propia práctica y teología de éste. Primeramente, definí el cuidado pastoral como "el alimento espiritual no solicitado para aquellos con alguna debilidad y sin control en sus vidas". El aspecto no solicitado enfatiza la iniciativa del pastor y no del que sufre de propiciar el acercamiento. El pastor recibe una invitación de Dios, si no la recibe del que sufre. En virtud del llamado que le hace Cristo al pastor, éste entra en la vida de las personas que sufren y las ayuda a descubrir, por medio de la cruz, la victoria para sus vidas destruidas. Jesús, quien murió y resucitó, proporciona sanidad a la persona interior y da vida en medio de la muerte.

Al competir con esta definición de cuidado pastoral, la preocupación de la sicología popular con el cuidado de uno mismo ha impedido que muchos traten de ir más allá de sí mismos para cuidar a otros. El cuidado de uno mismo del cristiano es llamado arrepentimiento. Presta atención a la necesidad de la cruz en la vida de cada creyente como el lugar de inicio para extender el cuidado a aquellos que sufren.

La premisa de este libro es que la tarea del cuidado pastoral no es de eliminar el sufrimiento sino de ayudar al que sufre a interpretarlo desde la perspectiva de la cruz. La cruz no sólo nos asegura nuestra salvación eterna sino que también nos da vida en este valle de lágrimas. Recientemente, después de escucharme decir esto, un pastor me dijo: "Tengo muchos miembros y además son sanos; no tienen ningún sufrimiento en sus vidas." Mi primera reacción fue pensar en que soy muy afortunado al no ser una oveja de este pastor, ya que obviamente, no era sensible al dolor de sus miembros, ni sabía de sus vidas. Luego, traté de ayudarlo a ver que la cruz se encarga de las ansiedades y los temores que tenemos y que el sufrimiento es más que dolor físico y pobreza. Cada pastor debe ser capaz de ver en la vida de cada uno de sus miembros la necesidad de cuidado espiritual. Para hacerlo, necesita conocerlos.

El tema que permea este libro es la teología de la cruz, articulada por Martín Lutero en su *Debate en Heidelberg en 1518*. Allí, el Reformador hace énfasis en la presencia redentora y la ternura de Dios en medio de cualquier sufrimiento, ya sea el sufrimiento del Señor o el nuestro. La cruz es el punto clave de nuestra redención y el paradigma para vivir fielmente en el sufrimiento. En contraste a la teología de la cruz, la teología de gloria presenta la fe como una herramienta para conseguir grandes cosas, sin dejar de mencionar vencer el sufrimiento. La fe, según la teología de la gloria, es un medio utilitario para sanar, enriquecer y tener éxito, una fe que no tiene lugar para Cristo en el sufrimiento, ni en el suyo ni en el nuestro. Sin embargo, la fe cristiana no es una herramienta para este fin, sino un brazo amoroso que se extiende a todo el que sufre. Si Dios da sanidad aquí y ahora, es tarea de los cristianos que dan cuidado caminar con las personas en sus sufrimientos y guiarlos hacia la cruz, en donde encontrarán sanidad para la persona interior, aún cuando la persona exterior se esté marchitando.

Lo que hace a la teología de la cruz absolutamente esencial en el cuidado pastoral es el peligro que cada persona enfrenta cuando trata de resolver el sufrimiento y la debilidad por su propia cuenta y no por cuenta de Dios. Esto no quiere decir que el sufrimiento debe continuar cuando están a la mano medios obvios y fieles para aliviarlo, pero éste es primeramente el llamado de los médicos, enfermeras, trabajadores sociales, terapeutas, consejeros, y de aquellos que tratan de remover el dolor y el sufrimiento. Al contrario, el cuidado pastoral no se enfoca en el aspecto de remover el sufrimiento sino en la ayuda mutua para llevar las cargas y en guiar al que sufre al pie de la cruz.

Aunque principalmente me he dirigido a los pastores, mucho de lo que he escrito se aplica a todo cristiano cuando trata de cargar con el sufrimiento de otro. Los laicos que ofrecen cuidado espiritual a los que sufren necesitan desarrollar la misma sensibilidad y habilidades que deben tener los pastores. Tanto el laico como el pastor necesitan prestar atención a su propio arrepentimiento y sufrimientos, así como encontrar paz con Dios personalmente antes de ministrar a otros. De no ser así, serán fríos e insensibles o sucumbirán a la teología de la gloria y tratarán de mejorar a otros en lugar de compartir el sufrimiento en el nombre de Cristo y de ayudar a las personas a que confíen sus vidas en las manos de Dios, quien da paz y sanidad según su voluntad.

Reconocer lo inevitable del sufrimiento en esta vida es un pre requisito para tratar el sufrimiento correctamente. Si la inocente creencia de que podemos remover el sufrimiento de la vida se convierte en nuestro objetivo como cuidadores espirituales, terminaremos estando a favor de aquellos que proponen eliminar el sufrimiento mediante la eliminación del que sufre ya sea con el suicidio o la eutanasia. Por otra parte, si vemos que la vida siempre estará llena de sufrimientos, abrazaremos nuestro llamado a cargar con nuestros propios sufrimientos o ayudar a otros a cargar las suyas en el nombre de Cristo.

He aplicado la teología de la cruz en el cuidado pastoral a los ancianos, a aquellos con SIDA, al moribundo y a los dolientes, aquellos con enfermedades mentales (especialmente depresión) y en el área compleja de la ética médica. En todas estas situaciones el objetivo final es ayudar al que sufre a que aprenda a vivir fielmente en medio del sufrimiento y confiar su vida a Dios, en donde se encuentra la paz y la sanidad. El aspecto más desafiante de esto se encuentra en los debates actuales sobre la ética médica. El asunto resaltante en el debate actual sobre la ética médica es el temor a la debilidad y a la pérdida de control. Estos temores traen como consecuencia que el que sufre, y sus familiares, abandonen la fe en Dios y sigan la dirección de aquellos que los incitan a "tomar el control de sus vidas". Posiblemente, el tema de la ética médica merezca un análisis más profundo desde la perspectiva de la teología de la cruz. Mientras tanto, tomemos el último capítulo de este libro como un comienzo de este análisis.